杨龙 曹明———— 著

以学习为中心的
课堂范型

核心素养导向的课堂教学丛书

杨四耕主编

华东师范大学出版社

·上海·

图书在版编目（CIP）数据

以学习为中心的课堂范型/杨龙,曹明主编. —上
海：华东师范大学出版社,2022
（核心素养导向的课堂教学丛书）
ISBN 978-7-5760-2622-1

Ⅰ.①以… Ⅱ.①杨… ②曹… Ⅲ.①课堂教学-教
学研究-初中 Ⅳ.①G632.421

中国版本图书馆 CIP 数据核字(2022)第 095365 号

核心素养导向的课堂教学丛书

以学习为中心的课堂范型

丛书主编　杨四耕
主　　编　杨龙 曹`明
责任编辑　刘 佳
项目编辑　林青荻
特约审读　秦一鸣
责任校对　陈 易
装帧设计　卢晓红

出版发行　华东师范大学出版社
社　　址　上海市中山北路 3663 号　邮编 200062
网　　址　www.ecnupress.com.cn
电　　话　021-60821666　行政传真 021-62572105
客服电话　021-62865537　门市(邮购)电话 021-62869887
地　　址　上海市中山北路 3663 号华东师范大学校内先锋路口
网　　店　http://hdsdcbs.tmall.com

印 刷 者　上海展强印刷有限公司
开　　本　787×1092　16 开
印　　张　11.5
字　　数　183 千字
版　　次　2022 年 8 月第 1 版
印　　次　2024 年 2 月第 2 次
书　　号　ISBN 978-7-5760-2622-1
定　　价　42.00 元

出 版 人　王 焰

编 委 会

主编 杨 龙 曹 明

成员(按姓氏笔画排列)

干 芸　王 娅　方瓯繁　丛 研

朱律维　刘 陶　李文君　李轶雯

杨 蕾　杨芳芳　吴 迪　邹慧娟

张文慧　张玉琳　陈 伟　陈伶俐

周晓青　徐 昊　唐 敏　唐是位

黄 伦

洞见改革

回望轰轰烈烈的课堂教学改革，我们依然可以欢呼，仍然可以雀跃，但我们更需要理性的回望和深刻的反思。

不是么？我们的课堂教学改革虽然取得了卓著的成效，但也出现了不少观念的误识和实践的误区。我们能否真正面对与合理消解这些问题，将直接影响课堂教学改革的纵深推进。

维特根斯坦指出："洞见或透识隐藏于深处的棘手问题是艰难的，因为如果只是把握这一棘手问题的表层，它就会维持原状，仍然得不到解决。因此，必须把它'连根拔起'，使它彻底地暴露出来；这就要求我们开始以一种新的方式来思考。这一变化具有着决定意义，……难以确立的正是这种新的思维方式。一旦新的思维方式得以确立，旧的问题就会消失；实际上人们很难再意识到这些旧的问题。因为这些问题是与我们的表达方式相伴随的，一旦我们用一种新的形式来表达自己的观点，旧的问题就会连同旧的语言外套一起被抛弃。"面对核心素养时代，我们的课堂教学改革有必要确立新的思维方式，并借此洞悉困扰我们的"棘手问题"。

改革不是一种风潮，而是一种使命。当下，跟风式改革仍然盛行，如深度学习、项目学习、STEAM……见样学样，不停跟风，显现出一派繁荣景象。不少所谓的教学改革只是在形式上做文章，有教条主义的嫌疑；不少课堂深陷应试泥潭，既不教人文，亦无关精神，甚至连知识也谈不上，而是"扎扎实实"地搞成了教考，把考试当作课堂教学改革的使命。教育改革的真正使命是什么？我们应秉持怎样的立场推进课堂教学改革？2014年，教育部颁布《关于全面深化课程改革　落实立德树人根本任务的意见》。这份文件指出：立德树人是课程改革的根本任务，核心素养培育是课程改革的核心价值。这便是我们的使命。使命需要执着，执着就是美德。细细品味维特根斯坦的这句话也许会有所助益:"当一切有意义的科学问题已被回答的时候,人生的诸问题仍然完全未被触及。"课堂教学改革的全部使命便是触及人生问题并给予某种实质性的回答,从而使"立德树人"落到实处。

改革不是一个口号,而是一种立场。层出不穷的口号、花样频出的概念,已然是当下学校变革的常态。不少学校把玩弄概念作为改革,把提口号当成改革,以学定教、先学后教、翻转课堂……热词涌起,名句不断。当我们把改革看成一个概念、一个口号的时候,我们已经远离了改革。改革是一种立场,一种有思考的尝试,一种为着根的事业而不断探索的精神。维特根斯坦说:"一种表述只有在生活之流中才有意义。"可以说,如果我们能把自己的立场安放在特定的概念或口号里,秉持有立场的变革,那将是对维特根斯坦的一种慰藉。

改革不是一张蓝图,而是一种责任。加拿大学者迈克尔·富兰说:"变革是一项旅程,而不是一张蓝图。"毫无疑问,改革需要蓝图,需要理性设计,但蓝图不是改革本身。奥托·魏宁格有一句令人心动的话:"逻辑与伦理在本质上是相同的。它们不是别的,而正是对自我的责任。"改革是一种责任,是一种对未来负责的精神。联合国教科文组织提出了 21 世纪教育的四大支柱:学会认知、学会做事、学会共处、学会生存。其中,学会认知是步入未来社会的通行证:观察、阅读、倾听、书写、交流、多样化表达、分析、综合、推理……学会做事是适应知识经济时代的必然选择:专注、善于发现问题、善于尝试、目标准确、身体力行、全力以赴、勇于面对现实、直面困难、不惧失败……学会共处是顺应全球化时代的需要:人际感受能力、人际理解力、人际想象力、风度与表达力、合作能力与协调能力、决策能力、沟通能力;懂得尊重、善于理解、换位思考、勇于担当、积极配合。而学会生存则是对做人品质的完善:适应能力、交往能力、管理能力、动手能力、创新能力、竞争能力;促进自我实现、丰富人格特质、担当与责任承诺、接受改变、适应改变、积极改变、引导改变……应该说,这些都是核心素养时代课堂教学改革的责任。

改革不是一场革命,而是一种态度。我们为什么需要改革?是因为有糟糕的现实摆在眼前,我们必须清除它。我们如何改革?通过雷厉风行的方式彻底改革吗?我们知道,对于理想化的东西,改革者很容易接受,并习惯于用理想的丰满来衡量现实的骨感,用理想的光滑来评判现实的粗糙。在理想观照下,现实是一无是处的,是必须摈弃的。正是基于这种认识,改革者很容易接受这样的观点:通过暴风骤雨式的"革命"来实现美好的改革目标。著名教学论专家王策三先生指出：任何教学改革都不是"一蹴而就的，也不是几年、十几年、几十年短期实现的，更不是以'革命'方式达成的"。改革是一种态度，一种持续改变现状的态度，一种朝向美好的态度，一种渐进探索的态度。

改革不是一个事件，而是一项旅程。吉纳·霍尔认为，变革的首要原则是把变革看作"是一个过程，而不是一次事件"。当我们把改革看成是一个事件，这意味着，改革可以在短期内取得成功；如此，改革尚未真正推进，我们便急着推出新的改革。面对一系列的政策性号召与行政命令，一些地方与学校常常是积极参与，往往在短时间内就会涌现出大量的改革成果，不少地方和学校还会举办各种各样的经验交流会。然而，在热闹的背后，却存在着虚假的繁荣：应付改革，鲁莽冒进现象时有发生。改革其实是一项旅程，一项迈向合理性的旅程，一项不断面对问题、思考问题、解决问题的旅程。课堂教学改革无法速成，只能渐进摸索；课堂教学改革也无法一次性完成，它永远在路上。

改革不是一条直线，而是一种智慧。对改革的简单化认识，缺少对改革形态丰富性、过程复杂性的理解，会让改革陷入迷茫。吉纳·霍尔说："变革，不是某位领导发表一次演讲，或在 8 月份为教师举行两天短期培训，或向学校提供新课程或新技术，就能一蹴而就、获得成功的。相反，变革是一个过程，在这个过程中，个人、组织机构逐渐理解了新事物、新方法，并且在运用它们时愈益熟练和有技巧。"无数经验证明，课堂教学改革是一个逐步推进的过程，而不是一条直线，其中往往包含着复杂性、随机性和偶然性，它需要理性和智慧。对此，迈克尔·富兰说：变革"好比一次有计划的旅程，和一伙叛变的水手在一只漏水的船上，驶进了没有海图的水域"。可见，课堂教学改革不是"种豆得豆、种瓜得瓜"的简单逻辑，而是一个多因子、多变量、多可能的复杂交织过程。没有"直接拿来"的理论与模式可以套用，改革需要我们自己的原创理论和实践智慧。

改革不是一个目的，而是一种创造。把改革作为目的，为改革而改革，这不是我们的应然取向。有人说："未来不是我们要去的地方，而是我们要创造的地方。"课堂教学改革，可以是突破陈规、大胆探索的思想观念，也可以是自强不息、锐意进取的精神状态，还可以是奋勇争先、不甘落后的使命感。华罗庚说："如果没有独创精神，不去探索更新的道路，只是跟着别人的脚印走路，也总会落后别人一步;要想赶过别人,非有独创精力不可。"我们今天创造怎样的课堂,就意味着我们在培育怎样的未来。当我们创造知识型课堂的时候,我们就是在塑造复制与服从的未来;当我们创造素养型课堂的时候,我们就是在选择美好与灿烂的生活。教育的价值在于生命意义的提升,在于学习价值的锤炼,而不在于知识的牢固掌握和大量累积。雨果说:"已经创造出来的东西比起有待创造的东西来说,是微不足道的。"的确,有待创造的东西只能靠学生在生命化实践和实际生活中去创造。因此,在某种意义上,改革不是一个固定目标,而是一个创造,一个基于实验的生命创造和素养提升过程。

改革不是一种形式,而是一种深度。虽然改革之声不断,但我们的课堂教学改革总体上并无实质性进展,"素质教育轰轰烈烈,应试教育扎扎实实"仍然是中小学课堂教学的主流表现。围绕着教材,问题学习、项目学习、单元教学、作业设计、听评课……都被冠以改革之名。联合国教科文组织在《学会生存》这一报告中曾警告说:"教育具有开发创造精神和窒息创造精神这样双重的力量。"大量事实表明,以反复操练为表征的知识教育严重地窒息着年轻一代的创造精神,阻碍着社会进步。教育的核心价值不应该只是盯着知识,而应在于培养有智慧的人。唯有培养有智慧的人,我们才能足以应对不断变化的社会。二百多年前,德国就有如此教育宣言:"教育的目的,不是培养人们适应传统的世界,不是着眼于实用性的知识和技能,而要去唤醒学生的力量,培养他们自我学习的主动性、抽象的归纳力和理解力,以便使他们在目前无法预料的种种未来局势中,自我做出有意义的选择。"当前,课堂教学改革最重要的一步,就是要从知识至上的泥潭中跳出来,义无反顾地迈向关注生长的素养时代。

总之,改革不是自负的概念翻新与宣示,而是崭新观念的建构与实践。面对核心素养时代,我们应少些"看客",多些"创客",不断洞悉隐藏于深处的棘手问题,在不断追问中创造属于我们自己的精神世界。这或许就是"核心素养导向的课堂教学丛书"之初衷。

杨四耕

2019年6月9日于上海市教育科学研究院

目录

第一章　真实学习：回归生活世界　/ 1

　　我们以调查式、创意式、实作式三种学习方式带领学生回归与生活世界紧密联系的课堂。在调查式学习中，通过多种调查方式增强学习的过程性与实践性，引导学生独立思考；在创意式学习中，让学生以生活为素材，在艺术体验中加工创新；在实作式学习中，通过引导学生实际操作、制作等方式，使课堂活动指向实际问题的解决。教学回归生活，以实践的形态存在于课堂中，进一步走向真实学习。真实的课堂、真实的探究、真实的学生是教学的至真追求。

第二章　发现学习：亲历寻找过程　

所谓"发现学习"是指让学习者通过独立学习、独立思考，自行发现知识，掌握原理规则。在"发现学习"中，学习者必须经历一个发现的过程，自己得出结论或找到问题的答案。在探秘式学习中，学生通过对"生涯"的探秘，发展自我概念、表达需要、修饰自己的人生角色。在行走式学习中，学生通过一系列研学活动，发现历史人文之美，理解特色文化。在应用式学习中，学生在生活情境中进行数学函数建模，制定合理方案，激发生活中的函数探索兴趣。

第三章　情景学习：感受学用结合　

在探究式学习中，教师通过一个数学问题的拓展研究，加深学生对问题背后共性规律的认识与运用；在体验式学习中，以"感性"和"理性"两条线索构建理想课堂，引导学生调动生活经验和知识储备，进行抒写和表达。在探究式学习中，打破数学概念的抽象与概括，通过具体的事例和问题，让学生体验思考、自主探究。

第四章　深度学习：提升思维品质 / 83

通过深度学习，帮助学生在独立学习与合作学习的结合中获得思维能力的提升。在对话式学习中，通过对话交流、碰撞，学生能够获得更深入透彻的理解。在问题式学习中，数学问题的探究促进了学生对我国个税新政的理解与应用。在建模式学习中，引导学生发现、提出、分析和解决实际生活中遇到的问题，提高探究和问题解决能力。

第五章　意义学习：塑造内在涵养 / 109

在实验式学习中，通过多种实验教学活动的设计，引导学生亲历知识形成的关键过程，逐步养成科学精神和良好的科研探究的行为习惯。在任务式学习中，引导学生提升阅读素养，培养合作赏析、完善习作等探究意识，增强面对挫折的韧性，培养热爱生活、积极探索和不懈追求的精神。在创客式学习中，将创客思想引入教学，在生命科学教学中加强对学生信息获取、加工处理、表达交流及运用等方面能力的训练，培养学生的逻辑思维能力、实践能力和开放分享意识，运用创客理念重构教育。

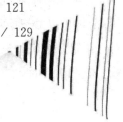

项目化学习有助于帮助学校教学从知识传授转向能力发展，从教师主导转向学生自主。在唱评式学习中，学生对英文歌曲开展了基于独立学习与合作学习相结合的实践学习，进行成果展示，开展多元评价；在编演式学习中，学生以英语课本剧编演为学习项目，在对课本的改编、排练、表演、赏析中增强英语学科素养；在实验式学习中，以科学实验为项目载体，构建互动课堂，引导学生体验较完整的科学实验探究过程和具体步骤。

后记 ／ 165

前言 学习方式变革的价值

任何成功的教学方法都需要看学习成果,因此学习是中心。"以学生为中心"关注的重点是教学关系和教学性质的改革,侧重于教的改革;"以学习为中心"则意在从学习视角触动课堂教学,重在教学意义的改变和对学习本质的再定位,侧重在学的改革。

借助学习者对学习价值和学习意义的发现,用学习的内在魅力让学习者产生学习的志趣,从本源上解决学习动力问题,解决"学会、会学"的问题,这便是学习方式变革的价值。以学习为中心的课堂范型其实是师生作为学习者,围绕共同发现的问题开展自主学习与合作探究的活动,以期实现双方全面发展的目的,建构以学习为中心的课堂范型是课堂教学转型的一个方向。

上海市进才实验中学(以下称"我校")通过课题"基于独立学习与合作学习相结合的教与学方式研究",探索了将个体学习与群体学习结合起来的一整套方式组成的、教与学相互作用的学习方式,构建以学习为中心的课堂。课题开展以增强学生独立学习与合作学习相结合学习的意识,提高独立学习与合作学习相结合学习的能力,逐步养成良好的独立学习与合作学习相结合学习的行为习惯为目的,进而提升学生的整体素养,促进学生可持续发展,更好地落实学校"为每位学生的卓越发展服务"的办学理念,解决后进生虚假学习、中等生表层学习、优等生重复学习的问题。

课题研究经历了以下三个阶段:2017 年 3 月—2017 年 8 月为准备阶段,2017 年 9 月—2020 年 6 月为课题实施研究阶段,2020 年 7 月至今是总结展示阶段。围绕课题研究内容,开展了一系列研究,完成沉浸式、阅读式、对话式、实验式、调查式、体验式、实作式、探秘式、服务式、典礼式、创客式、实践式、驱动式等学习方式的研究,取得了一系列的成果。

课题组发现,独立学习与合作学习相结合的教学方式,促进了学生可持续发展。学生可以通过课堂的活动探索学习的价值,主动进行认知。独立学习与合作学习相结合的教与学方式的实施,增进了学生独立学习与合作学习相结合的学用意识,提高了学生独立学习与合作学习相结合学习的能力,提高了学生对知识能力的把握,又增强了学生探究能力,激发学生的学习兴趣,培养了学生的学科核心素养,提升了学生进行总结反思、改进提升自我的能力和整体学习素养。

独立学习与合作学习相结合的教学方式,是我校构建以学习为中心的课堂的一种尝试。本书介绍了18种独立学习与合作学习相结合的课堂教学范型,其中第一章包括了调查式、创意式、实作式的探讨,第二章包括了探秘式、行走式、应用式的探讨,第三章包括了探究式、体验式、研究性的探讨,第四章包括了对话式、问题式、建模式的探讨,第五章包括了实验式、任务式、创客式的探讨,第六章包括了唱评式、编演式、实验式的探讨。课堂教学旨在发现学习方式变革的价值,创设良好的学习环境,促进每个学生的发展。

以学习为中心的课堂需要教师从实际情况出发,突出问题中心,设计多样化、个性化、趣味化的课堂活动,从教学设计走向学程设计,从学生学习"被"设计、预设计,走向自主设计、生成设计、个性化设计。在课堂上,教师更多地运用方法指导、反馈评价、活动组织、互动交流、个别辅导等方式影响学生。教师课前精心备课,课中对学生活动过程组织、引导、督促,对学生学习状况仔细观察、捕捉问题和提供相应指导。采用动机激发、方法指导、动作或思维示范、组织交流、评价反馈、辅导答疑等方式来引起和促进学生能动参与学习活动和有效展开学习活动,这个过程充满了未知和挑战,它的核心是智力的挑战和思维的训练,知识只是解决问题的工具,以学习为中心的课堂教学能将每个学生的学习动力和潜能释放,促使师生自我实现,这一切对于促进学生的全面发展、培养创新型人才具有重要意义。

第一章
真实学习：回归生活世界

我们以调查式、创意式、实作式三种学习方式带领学生回归与生活世界紧密联系的课堂。在调查式学习中，通过多种调查方式增强学习的过程性与实践性，引导学生独立思考；在创意式学习中，让学生以生活为素材，在艺术体验中加工创新；在实作式学习中，通过引导学生实际操作、制作等方式，使课堂活动指向实际问题的解决。教学回归生活，以实践的形态存在于课堂中，进一步走向真实学习。真实的课堂、真实的探究、真实的学生是教学的至真追求。

范型 1-1

调查式学习：探索家的意味　提升责任意识

摘要　调查也是一种学习。通过文献调查、问卷调查、访谈调查等方式，增强学习的过程性与实践性，引导学生参与到实践调查中，在调查、归纳、辨析与实践中生成独立思考能力，促进探究、分析、解决问题的能力，同时培养合作和人际交往能力。

六年级的学生对"家"有初步认知，但缺少对"家"的内涵、家的功能以及对承担家庭责任的把握。课堂教学中，部分学生不能独立思考问题、分析问题、解决问题；部分学生缺少交流、倾听的能力，需要学会如何体谅、相互合作，提高责任感和义务感。在课中运用独立学习与合作学习相结合的调查式学习，基于学生已有的道德经验和认知，以学生真实的困惑、矛盾、冲突为突破口，从讲授"道理"转向探寻"道路"，给学生带来思维挑战，增强对现实生活的指导性。

一、设计依据

（一）学情分析

对于六年级 12 班的学生而言，学生的"知识起点"处于刚接触"道德与法治"课程的起始水平，绝大部分学生对"家"有初步认知，但多数学生的认知仅停留于家的归属角度，缺少对家的内涵、功能以及对承担家庭责任的把握。有的学生不能体会父母的养育之恩，不能体谅、理解父母的苦衷；家庭责任意识比较淡漠，较少关心父母和家人,对与父母共同营造温馨家庭氛围、共建共享美好家庭缺少责任意识。

基于上情,我们确定本课教学内容,以课前、课中、课后"三程"结合实施基于独立学习与合作学习相结合的多元调查等四式学习。课前布置学生以小组为单位,确定调查形式、设计题目、选择对象、撰写报告,合作完成以下四项调查:访谈调查"心目中的家"、问卷调查"关于中学生孝敬父母的现状"、文献调查"孝的法律规定"、文献调查"孝的历史渊源"。课上利用多种方式互动交流调查情况,师生共同探究问题答案、概括知识结构。课后回忆与父母交往中的温馨片段,独立完成一封写给父母的信。

(二)教材分析

人民教育出版社出版的《道德与法治》教材第七课《亲情之爱》,由导言和三框内容组成,三框内容分别揭示了家人之间亲情表达的丰富多样、处于青春期的初中生独立意识和依赖心理并存的心理、提升共建共享家庭美德的能力。"家的意味"是第一框的内容,主要分为两个层次:其一,通过对家庭功能的分析和对亲情的情感体验,理解"家"的内涵和意义;其二,通过体悟"中国春运",让学生理解在中华家庭文化中,家的深厚意味和丰富内涵,引出"孝"的精神内涵,引导学生对家庭美德深入思考。

本框第一目设置了"运用你的经验"活动,采用了发散思维的方式,多角度引导学生思考"家的内涵"。为了更贴近学生的实际生活,拟采取课前访谈调查的形式了解学生对家庭认知的情况,通过访谈活动打开学生的思维,进入开放的空间,进而引发学生对家庭责任的探索和兴趣。通过多媒体展示"相关链接",引导学生进一步了解家庭的含义。通过"探究与分享"活动,引导学生分析家庭的功能,体会家庭对每个人的独特意义和价值。教材通过"阅读与感悟"中的两个小故事,引发学生体会家是心灵的港湾。为了更好地引起学生的情感共鸣,在这个环节拟用《家的方向》微视频替代教材中故事,以更具体、更贴近生活的事例,引导学生充分理解家的意义。

本框第二目设置了"方法与技能"等一系列活动,阐释了中国家庭的独特文化内涵,引导学生孝亲敬长。为了从学生的视角思考和表达,充分发挥学生的主动性,在使用教材过程中,拟采用问卷调查、文献调查等形式。孝亲敬长既是法律规定,也是道德规范,更是每个人的社会责任。在课堂中实施独立学习与合作学习相结合的调查式学习,既能促进学生独立思考、自主探究、分析与解决问题,同时也能培养学生的合作能力、人际交往能力、分析综合能力等。

二、教学目标

1. 让学生理解家的内涵和功能,知道孝亲敬长是中华民族的传统美德也是法定义务。让85％左右的学生理解中华文化中"孝"的内涵,知道优秀文化需要传承发扬,90％左右的学生增强孝亲敬长行动力。

2. 课前、课中和课后"三程"结合,实施基于独立学习与合作学习相结合的思品调查式和其他"三式"(情境体验式、信息技术整合式、随机激励式)教学。学生参与小组合作完成了解三类调查(访谈、问卷和文献调查)的形式、设计调查题目、选择调查对象、做好调查记录、撰写调查报告的过程,熟悉调查的基本步骤;初步掌握访谈、问卷和文献调查的方法;强化合作、交往、归纳、分析能力。

3. 增强孝亲敬长的责任意识;认同家庭的优良传统、家人的优良品质、孝亲敬长的优良美德;提升合作精神、探究精神,进一步培养独立学习和合作学习相结合的学习习惯。

三、实践过程

本课以课前、课中、课后"三程"相结合实施基于独立学习与合作学习相结合的思品调查式学习,课前独立与合作调查,课上师生互动、生生互动,学生交流调查情况,师生共同探究家庭的含义、家庭的功能,共同思考为家庭承担的责任。

(一)导入新课

创设活动:学生以小组为单位交流一下各自的家庭结构,绘制一份家庭结构图。

学生：根据要求,绘制家庭结构图,了解家庭成员构成情况。

教师：请每组选派一名代表介绍家庭结构和家庭关系组成。

学生：介绍家庭关系组成,一般是父母、子女、夫妻等关系。

教师：借助多媒体,展示家庭的含义：家是由婚姻关系、血缘关系或者收养关系结合成的亲属生活组织。

意图分析 交流家庭结构,绘制家庭结构图,初步理解家的含义,学生深入家庭实际生活,从生活经验入手,了解家庭结构,初步理解家庭的含义。

(二) 本课新授

创设活动一：访谈式调查——初步了解家庭的社会功能。

教师：以小组为单位,进行访谈调查——每个人心目中对家都有自己的理解,家对每个人来说,又有着什么不同的意义呢?

学生：课前借助多媒体制作完成本组调查结果,学生代表到讲台前交流各自的调查结果。

教师：归纳。借助多媒体展示：家庭是身心的居所,家庭作为社会的细胞,承担着多种功能。

意图分析 培养学生以访谈形式进行调查的能力;在寻找"家"这一话题的答案的过程中,培养学生的独立学习与合作学习的能力。独立思考,归纳家庭的功能、家对个人的意义。

创设活动二：情境体验——体味中国人心目中的"家",理解家的重要意义并激发对"家"的热爱之情与参与建设的动机。借助多媒体,播放短片《家的方向》。

教师：为什么任何困难都无法阻止年迈的父母千里迢迢去见自己的儿子?

学生：观看短片,思考问题,并回答。

教师：归纳。在中华文化中,家有着深厚的意味、丰富的内涵。

意图分析 通过情景体验,引起学生对家的深层次思考,理解家对每个人的重要意义,因为爱家人使得我们的生命有了意义和价值;激发学生对"家"的热爱之情,并转化为对家进行建设的动机。

创设活动三：课前问卷调查——关于"孝敬父母现状"的问卷调查和"孝"文献调查,理解中华文化中"孝"的内涵,知道孝亲敬长既是美德又是法定义务。

学生：课前制作问卷,从父母角度以及子女角度分别进行调查,统计调查结果,制作调查报告。

教师：看到我们的答案和父母的答案,你有什么感想?

学生：思考,讨论,交流。

教师：以小组为单位讨论,"建设美好家庭,主要责任在父母"这种说法对吗?

学生：思考,讨论,交流。

教师：创设美好家庭,责任不仅仅在父母身上,每个家庭成员都有责任。为什么每个子女也有承担建设美好家庭的责任呢? 同学们从历史文献和法律文献两方面进行了调查。

学生：相关调查小组出示有关孝亲敬长的法律规定和孝的历史渊源。

教师：归纳。借助多媒体展示:在中国的家庭文化中,"孝"是重要的精神内涵。孝亲敬长是中华民族的传统美德,也是每个中国公民的法定义务。

教师：以小组为单位。有些同学和家长都认为孝敬父母是长大以后的事情,这样的说法,你同意吗?

学生：交流、讨论。

教师：归纳。借助多媒体展示:尽孝在当下。

意图分析　学生自行独立搜集相关的文献资料、对查找好的资料进行分类、整理、做好笔记和记录、做好归纳和总结;提高制作问卷、数据分析、整理、归纳能力;提高文献搜索能力等。

（三）课堂小结

教师：通过本课的学习,你们有什么收获?

学生：归纳总结。

教师：通过本课学习,我们了解了家的结构、家的社会功能,家有着深厚的意味和丰富的内涵。孝敬父母是中华民族的传统美德,也是每个中国公民的法定义务,孝敬父母要从现在开始。

意图分析　通过让学生回顾本课学习的内容,培养学生小结意识和独立梳理归纳能力。

（四）课后作业

创设活动四：布置课后独立作业及后续长作业——独立完成一封给家长的信，并完成"21天孝敬父母打卡行动"。

作业1：回忆温馨的家人相处的美好瞬间以及父母关爱自己的事情，写一篇日记，也可以给父母写一封感谢信。

作业2："21天孝行计划——一天一句问候"长作业挑战活动。

活动形式：分发记录卡，打卡方式为每日记录对父母说的一句暖心话，对父母说的话可以各种形式表达，包括电话、微信、对话等，连续两天未打卡，即活动失败。失败者可领取新的打卡表，重新开始新一轮打卡活动，连续挑战21天，就算成功。

教师：21天后的本学科第一次课开始，请同学们将做好的长作业过程和结果借助多媒体在班内展示、交流和评价，注意合理吸收评价意见，结合自己的体验与思考进行完善。

意图分析 培养良好的作业习惯，提高作业质量。理顺亲子关系，提高家庭责任感。

四、意义揭示

本次新授课的实践与反思，取得了较好的课堂教学效果。主要原因有三：

（一）彰显了多元调查式学习在培养学生责任素养方面的独特价值

学生经历了基于"独合结合"思品实施多元调查等四式学习过程，很好地达成了本课学科主题和课堂研究主题的相关有效教育和预设的三维目标。

多元调查式学习在"三程"学习中围绕着"家的意味"展开，调查的方式有访谈调查、观察调查、问卷调查、抽样调查、文献调查等，根据中学生的学习能力，在本课教学中，主要选取了访谈调查、问卷调查和文献调查。通过这些活动，增强教学的体验性、主体性、趣味性、方法性、深刻性。通过访谈调查，培养了学生的责任感和自觉性，锻炼了学生的胆量，提升了学生人际交往的能力。通过问卷调查，培养了学生设计问卷的能力，小组内部团结协助的能力，帮助学生取得更多的样本，增强信息的可信度和有效性。通过文献调查,培养学生搜索有用信息的能力,能在分析调查信息和资料时,对信息进行整理、归纳、分析。通过多元调查式学习,取得新课学习的整体实效。

(二)发挥信息技术整合式、情境体验式和随机激励式相结合学习的价值

"三式"在"三程"学习中围绕着"家的意味",从资料整理到内化学习、从创设情境到合作学习,加上课堂讨论和教师的随机激励与引导,既发挥了学生自主体验式学习的价值,又培养了学生自主、合作调查、分析、梳理、归纳、交流、评价、小结等能力。提升了学生的合作精神、探究意识、小结素养,培养了学生独立学习和合作学习相结合的学习的良好行为习惯,激发了学生后续践行的兴趣。

(三)发挥实践性"长作业"在培养学生良好行为习惯和提升责任素养方面的独特价值

"21天孝敬父母打卡行动"不仅具有可操作性、实践性,而且21天也是一个人行为习惯养成的时间。从实行的结果来看,学生养成了尊重父母、体恤父母的良好行为习惯,增进了亲子关系,促进学生责任素养的养成。长作业活动锻炼了学生的意志,帮助学生在习惯中坚持,在坚持中收获。

（撰稿者：上海市进才实验中学　李轶雯）

范型 1-2

创意式学习：在艺术体验中加工与创新

摘要 创意也是一种学习的方式。"海阔凭鱼跃，天高任鸟飞"，创意遨游在艺术的海天之间，是艺术学习的灵魂，它让每一个灵魂都注入自己的动力并刻上专属的标志，成为人们创造能力培养和提升的动力。创意式学习是引导学生以生活为素材，在艺术体验中进行加工、创新，从而获得新的体验的一种学习方式。通过培养学生的创意，发展其想象力和实践能力，从而促进学生综合素养的提升。

京剧是我国的国粹艺术，也是我们的传统文化，优秀的剧目、剧种在保留的基础上需要传承、发扬和创新。2014 年教育部在《完善中华优秀传统文化教育指导纲要》中指出，要把中华优秀传统文化融入课程和教材体系，有序推进中华优秀传统文化教育。模仿是学生了解京剧的重要途径，唱、念、做、打是京剧的基本功。本课例通过五种体验方式引导学生自主模仿京剧做功并进行合作创意，再将创意式学习的结果以合作表演方式呈现，使学生获得新的学习体验，真正做到"京剧初探"。

一、设计依据

（一）教材分析

本课选用上海教育出版社出版的九年义务教育课本艺术教材（音乐）八年级第一学期第一单元第一课"乡韵"中的京剧这个内容。教材对京剧的角色、行当、唱腔分类以及国粹大师梅兰芳作了文字介绍，选取了《沙家浜》选段"智斗"作为欣赏内容。2017年12月出版的《上海市义务教育艺术课程标准》提出,在艺术课活动中,要让学生能够认识艺术门类、体验艺术风格、鉴赏艺术作品、运用艺术技法、再现或创编艺术作品。在京剧教学中教师可以选取有代表性、易于体验和实践的作品进行补充或替换,让学生对京剧艺术进行模仿,并在模仿的基础上有自己的创意。

(二) 学情分析

初二年级的学生喜欢对未知的艺术领域进行探究,在独立思考的基础上也渴望合作学习,取长补短。所教授的学生中三分之一能够演奏一门乐器,唱歌跳舞信手拈来,艺术修养较高。但对京剧,有的学生听说过,偶尔有学生在机缘巧合下现场观赏过,极个别在学习京剧,但大部分同学对京剧比较陌生。

本课将创意式学习融于独立学习与合作学习,增加学生对京剧的了解,提高其对京剧的审美能力,能够初步体验京剧这一国粹艺术的魅力。

二、教学目标

1. 在感受京剧演员扮相图片和观摩《霸王别姬》作品过程中,体会京剧的扮相美,通过对虞姬扮演者梅兰芳大师生平的了解,感受大师的人格魅力,理解艺术家的家国情怀和京剧艺术所蕴含的情感和价值,从而更加热爱国粹艺术,增强民族自信心和自豪感。

2. 通过独立模仿京剧做功,提升自主感受京剧的"功夫"的意识和能力;通过合作为新京剧唱段编配做功,并用合作表演的方式呈现,提升创意式行为的素养。

3. 学会3—6个京剧旦角手势以及圆场步,了解京剧大师梅兰芳,能够辨别人物角色,能为新京剧唱段进行创意表达。

三、教学过程

本课在"京剧初探"中开展"独立学习与合作学习相结合"创意式学习,分为三个环节:课前自主预习,课中运用独立观摩、模仿、合作创意、师生合作这四种体验方式进行教学,课后自主欣赏京剧来巩固和拓展课堂教学,以此丰富学生对京剧探究、体验的感受。教材中"智斗"是现代京剧,其中"做"的功夫基本没有,为使学生能够体验到京剧"做"的功夫,本课用梅兰芳主演的《霸王别姬》替代了课本内容《沙家浜》,旨在让学生能够从旦角手势以及圆场步的观摩和模仿学习中体验到京剧"做"的功夫。在课上拓展部分的创意式,即让学生根据《大唐贵妃》选段《梨花颂》的京剧唱腔,运用已掌握的手势和步法,自主与合作相结合地进行创意式表达,以增加对京剧的了解,锻炼对京剧的审美判断能力,初步感受京剧这一国粹艺术的魅力,并提升"独立学习与合作学习相结合"的体验式学习素养。

(一) 提问答疑

1. 教师:反馈课前上网收集、剧院观看、书本阅读有关京剧的内容,随机激励预习任务已完成、参答情况好的学生,并进行随机补充或纠正。讲解京剧的起源导出课题"京剧初探"。

2. 学生:课堂上用视频、PPT 等形式展示反馈预习成果。

意图分析 锻炼学生从网络、书本和现场观摩中收集、整理京剧剧种及生、旦角色和唱腔分类大致信息的能力,培养学生良好的预习习惯,增加其初探京剧的兴趣。

(二) 教授新课

1. 生角模仿

教师:出示生角图片,要求学生自主观察、思考生行分为哪四种类别,并请大家一起自主讨论、分析、模仿武生动作技巧,注意观察学生模仿情况,随机进行激励与引导。

学生:自主模仿图片中武生的动作,相互之间进行合作观察、分析,快速找出问题,进行纠正。

意图分析 激发学生主动进行自主观察、模仿学用武生动作技巧的意识;使学生注意结合图片的整体感观进行模仿,通过相互间的讨论促使他们正确摆好武生的功架;培养学生独立观察与合作讨论、分析正确把握武生动作技巧的能力。

2. 比较赏析

教师：组织学生自主欣赏视频《斩美案》和《智取威虎山》片段，并要求思考和回答下列问题：两个片段的音色有何不同？选段中人物属于哪个行当的何类？根据学生思考和回答的情况，进行随机激励与引导。

学生：运用观、听、忆、思的方式，带着问题自主欣赏、参与辨别京剧选段的音色，自主参与辨别行当以及分类。在教师的激励与引导下，采用内化欣赏、判断的方法进行思考。

意图分析　锻炼学生自主欣赏、辨别京剧选段音色、辨别行当与分类的能力；采用内化欣赏、独立判断的方法，提高了他们独立体验和辨别的能力，为后续的创意打下基础。

3. 旦角人物

教师：出示旦角图片，并要求学生自主思考、回答旦角分为哪四种类别，根据学生思考、回答的情况，进行随机激励与引导。介绍四大名旦，着重介绍梅兰芳。

学生：运用观、听、忆、思的方式，参与自主分析图片中行当的类别。听、思、内化，当同学们听到梅兰芳大师拒绝日伪的重金邀演，而去香港为抗日义演时，都发出了赞叹声。

意图分析　培养学生自主观察旦角图片，听取介绍和自主回忆、思考，内化旦角类别的能力。聆听教师的介绍，结合预习所了解到的梅兰芳，自主回忆、独立思考，初步感受京剧名旦梅兰芳的魅力，为后续创意增添文化内涵。

4. 经典赏析

教师：组织学生自主欣赏梅兰芳《霸王别姬》视频，并要求观摩后思考、回答下列问题：大师手上的动作有哪些？请模仿。大师用了什么样的台步和身法？根据学生自主观察、模仿情况，作随机激励与引导。

学生：自主观摩视频，认真思、忆，模仿大师的手势，模仿大师的台步和身法，并说出自己是如何模仿的。听取随机激励与引导，自主思考、内化方法。

意图分析　激发学生自主观摩视频，模仿手势、台步和身法的学用意识，使学生在观摩视频中注意大师表演的细微动作，以及同学模仿的动作，并进行不断的模仿。锻炼学生自主观摩、模仿京剧手势、台步和身法的能力，为后续创意积累素材。

5. 手势模仿

教师：引导学生自主欣赏梅兰芳旦角手势图片，要求模仿他的手势。根据学生自主选择模仿情况，作随机激励与引导。组织示范圆场步以及身法，加强随机激励与引导。

学生：根据要求，自主观察图片上的手势，挑选自己喜欢的手势进行模仿。听取随机激励与引导，自主思考、内化梅兰芳旦角手势方法。

意图分析　帮助学生结合图片独立进行模仿，增进学生对京剧"做"功的感受，进一步培养其自主观察图片、模仿京剧手势"做"功的能力。锻炼学生自主示范、模仿与巩固圆场步以及身法的能力，为后续创意奠定基础。

（三）创意拓展

1. 创意"做"功

教师：组织学生自主欣赏视频《梨花颂》并思考如何为唱段配手势、如何为唱段配台步和身法，并加以创意编排。根据学生自主创意情况，作随机激励与引导。

学生：根据要求自主聆听唱段，思考如何编配、筛选旦角手势、台步和身法，并进行有效的组合。听到随机激励与引导后，自主内化唱段之台步、身法与手势相结合的方法。

意图分析　锻炼学生独立和小组合作运用所学为新京剧创编动作的能力；增进学生对京剧做功的理解；激发学生"独立学习与合作学习相结合"的创意式学习、表演"做"功的兴趣。

2. 创意表演

教师：要求部分学生合作演唱《梨花颂》片段，其余学生配创编手势、台步和身法。加强观察学生合作演唱和表演情况，作随机激励与引导。

学生：一个学生演唱《梨花颂》片段，其余四位同学为唱段配手势、台步和身法，根据唱段自主创意眼神的传送。

意图分析　培养学生合作表演、整合创意，组合手势、台步和身法的京剧"做"功能力与兴趣。

（四）评价总结

教师：引导学生回顾本节课所学京剧的内容和所用的创意式学习形式、实际作用。引导学生学习表演手势、台步、身法，并进行相互点评。

学生：参与合作总结本节课所学相关的京剧内容和课前、课堂中用"三程"进行相关创意式京剧学习的具体形式、实际作用。自主或合作表演后，进行自评和互评。

意图分析　锻炼合作总结、自主或合作表演京剧手势、台步和身法的能力以及评价反馈能力，巩固所学知识，增强创意表达式学习音乐的能力。

（五）课后观摩

教师：课外，请学生自主或与几位同学或与家长一起，合作观赏一出经典京剧的片段，下次课上组织欣赏情况的交流。

学生：运用听、记、忆的方式，思考准备自主或合作观赏相关京剧的片段，下次课上参与欣赏交流。

意图分析　培养学生自主或合作巩固欣赏京剧的能力，增进创意式学习京剧的兴趣。

四、意义揭示

通过以上教学过程，取得了良好的课堂教学效果，提高了学生学习京剧实效，发展了学生"独合结合"的学习京剧"三素养"。主要意义在于发挥了"独合结合"实施创意表达式体验等"五式"在提升学生"三程"京剧学习"三素养"方面的独特价值——即以下"六性"：

（一）主体性

本课"独合结合"实施京剧创意表达式，首先通过经典图片、视频进行初步体验，其次通过梅兰芳大师自创的旦角手势以及大师的珍贵视频进行深入、细致的体验，最后将所有的体验在新的作品中进行选择性应用和创新。由浅入深且聚焦的体验使三方面的素养在多元体验等"四式"中得到了提升。

（二）丰富性

课前通过网络、剧场进行的自主预习体验让学生对京剧有个大致的印象，课中通过对图片的对比观察体验、视频的反复观摩体验提升模仿京剧"做"功体验的实效，在模仿体验的基础上又对新的唱段进行"做"功的创编体验和表演体验，在对表演进行自我和相互的点评中提升课后自主观摩京剧的实效。这多元体验"八式"相互作用且层层递进丰富了学生的体验。

（三）实践性

普通的京剧课一般而言是教师讲授京剧的相关知识，学生运用老师讲述的知识来对图片和视频进行辨别，这些都停留在看、听、说的层面。而这次的研究课则是立足于看（观察图片、观摩视频）、听（教师的引导）、说（自己的所思所想）的层面，进一步深入到旦角手势、圆场步和身法的模仿以及对新京剧唱段进行创编、创新的层面，让京剧学习从理论走向了实践。

（四）趣味性

梅兰芳旦角手势、圆场步和身法的模仿体验让学生在惊叹和崇拜中学习到了京剧的"做"功，增加了学生学习和运用京剧"做"功的热情。例如：在为新京剧唱段创编"做"功中，每个组在讨论为新的唱段配哪个手势的时候都反复不断地进行对比和筛选，最终确定最合适的手势，这进一步激发了学生课后自主学习京剧的兴趣。

（五）互促性

各组成员在独立学习中找到了自己的长处，有的手势模仿得很好，有的圆场步学习得很到位，有的对新京剧唱段理解得很透彻，在合作中同学们为新京剧唱段创编发挥了自己的长处，弥补了别人的短处，实现组内互帮互助。抽出每组能力强的同学合作表演进行精英展示，同学们从手势到圆场步以及身法还有唱腔、眼神等都非常到位，促进了全班同学学习京剧的热情。

（六）实效性

"独合结合"的学习方式在京剧教学中既让学生保持了在理论上的独立思考

又提升了学生在实践中合作学习的能力,在两者的相互作用下提高了学习京剧的效率。"五式"的丰富体验式学习调动起了学生学习京剧的欲望,提高了学生学习京剧的兴趣。

以上"六性",保证了实践的效果,将京剧从课堂延续到了课外,真正实现了在教学中融入中国传统文化,并推进了传统文化的教育。

（撰稿者：上海市进才实验中学　方瓯繁）

范型 1-3

实作式学习：指向实际制作和操作的课堂

摘要 实作也是一种学习。通过实际操作、实际制作等实作方式的锻炼,有利于提高学生的相关操作技能、培养学生的相关素质。实作式发生于"学校课堂教学现场,能够把课堂置于真实的教育情境之中"[①]。实作式触及教育教学中的实际问题,使学生活动直接指向实践问题的解决。

"实作式学习"中,"实际制作类"指在实作实践中以制作为主的课程,能做出一定成果,并以展板、展柜等形式进行展示,以提高学生的生命科学学科素养,如植物腊叶标本、花标本、昆虫标本的制作等;"实际操作类"指在实作实践中以实际操作为主的课程,如酿造葡萄酒、馒头制作、心肺复苏法、伤口包扎固定等。本节课以"观察和解剖鳌虾"为主题,对八年级生命科学的传统课程进行改良创新,将标本实作式学习融合在独立与合作相结合的学习(以下称"独合结合")中。

一、设计依据

(一)学情分析

学生在之前的学习中已经知道了各类动、植物的基本特征,初步建立结构与功能相适应的观点。八年级的学生根据教师指令进行学习的基本执行性能力较

---

① 杨玉东.基于课例研究的实作式教师教育模式[J].中国教育学刊,2010(5):76-82.

强，上课听讲、课下作业都很认真。我们用常见的螯虾（即小龙虾）做实验，学生对于螯虾的一般情况较熟悉，但对于如何用科学的语言描述螯虾的外部和内部形态特征，以及解剖和制作动物标本的技能较为生疏，缺少对某一动物进行观察和解剖的实作式完整经历。

本课通过"独合结合"的生物实作式学习方式，在课前、课中、课后（简称"三程"）完成观察和解剖螯虾的过程，以增进学生对螯虾这一节肢动物的理解，提高学生相关素养。

（二）教材分析

本节课内容出自上海教育出版社出版的《生命科学》八年级第二册第 2 节"无脊椎动物"中的"观察和解剖一种常见的无脊椎动物"。上海教育出版社 2004 年版的《上海市中学生命科学课程标准》（简称《课标》）对学会观察和解剖的方法及技能要求的学习水平为 A 级。课标对学习水平为 A 级（初步学会）的要求为：能根据实验目的，按照具体的实验步骤，正确使用给定的器材，完成观察、测量等实验任务。

教材选用的材料为蝗虫，但考虑到实验材料的不易获取性、不易观察性（蝗虫经福尔马林浸泡后，内部结构腐烂），很多教科研工作者都尝试选用其他实验材料代替，取得一定效果。

螯虾在每年四月份上市，适逢上课时间，其价格比较实惠，在菜场等处即可买到。购买螯虾后放置在冰箱内，保存一星期后 90％以上能够存活，两星期后 80％左右存活，一个月后近 50％存活，存活能力较强。此外螯虾的外部、内部结构比较容易观察，故本节课选用易获取、易存活、易观察的螯虾取代蝗虫。虽然实验材料有所区别，但这是本课程根据教材的编排和要求来进行设计的。如教材中实验目的为"知道蝗虫的外形特点，了解其与环境的适应；知道蝗虫的内部结构，进一步了解各器官的功能；初步学会解剖蝗虫的技能"，那么本节课中换成螯虾的相关知识和技能，最终形成节肢动物形态结构与功能相适应的生命观念。教材在编排上要求学生先观察螯虾外部结构，然后进行解剖，最后进行内部结构观察。但最终复习时，只能够根据实验报告上的一些文字记录进行回忆，有一定的难度。拟在本节课中，按照此顺序让学生在课上进行"独合结合"依次观察后，独自完成实际制作的局部标本保存,进一步加强巩固课堂知识,并通过观察或触摸随时进行复习,提高生物实作的相关素养,增强学习生物的兴趣和信心。

二、教学目标

1. 通过在小组中完成承担的实验学习任务,学生锻炼了观察总结或记录的能力,掌握了螯虾的基本解剖方法和解剖类实验一般步骤,并养成了开展课外观察、解剖和制作标本的探究实作式学习的习惯。

2. 经历"独合结合"学习,通过看一看、摸一摸、动一动等观察外部形态,经历解剖过程观察内部结构。运用体验观察法、讨论法、讲授法、分步实验法、归纳总结法、竞赛游戏法等,提高独立思考及思维整合能力,内化独立学习和合作学习的实作式学习方法。

3. 感受生命的奥秘,体会形态结构与功能的统一性,形成生命观念;感受"独合结合"的生物实作式学习方式,懂得尊重他人,感受与他人合作的成功,增强对"独合结合"的生物实作式学习方式的兴趣;形成保存螯虾实作标本并定期复习的行为习惯。

三、实践过程

基于上述分析,本节课通过实施基于独立学习与合作学习相结合的生物(螯虾局部标本)实作式学习,来提升学生"独合结合"制作生物标本的意识、能力并养成良好的行为习惯等素养,具体步骤如下:

(一) 导入新课

教师:多媒体展示螯虾入侵各国的图片,提出问题:为什么螯虾泛滥成灾?引导学生说出螯虾适应能力极强。

学生:观察、思考,内化螯虾环境适应能力强这一知识点。

意图 让学生感受螯虾的适应能力,引发学生观察、解剖与后续制作螯虾局部标本的兴趣。

（二）观察外形

教师：组织学生以小组为单位合作观察螯虾外部形态，包括观察其在行走和游泳时各附肢的运动情况、螯虾的身体分为几部分、身体附肢是否分节等。摸一摸螯虾的体表，思考其作用。用玻璃棒触动虾体，观察其在受到较大干扰后的反应。邀请小组代表交流"快速处死螯虾的方法和经验"，指导学生处死螯虾、观察不同螯虾的附肢，并提出问题：为什么这些附肢具有这些功能？它们有什么样的形态特点与其适应？最后借助手机投影技术引导学生分析并总结各附肢的结构特点和功能。

学生：小组合作通过看一看、摸一摸、动一动，了解螯虾的外部形态；相关小组代表参与全班交流"快速处死螯虾的方法和经验"；最后，小组合作处死螯虾后继续观察，并思考、参与讨论，初步完成螯虾实作式标本的制作。

意图　让学生合作学习观察螯虾整体的外部形态，认识螯虾的基本结构；让学生交流独自快速处死螯虾的方法和经验，以培养自主预习习惯和科学探究精神，提升探索的兴趣，形成形态和功能相统一的生命观念。

（三）解剖实践

教师：组织学生展示课前预习成果，要求个别学生在白板上用箭头画出去除胸部外骨骼的解剖路径，其他同学在实验报告上完成，随后指导学生完成解剖过程，在这一过程中需注意加强巡视、观察，随机激励学生并进行正确引导。

学生：每个学生自主听讲、观察、思考并画出解剖路径，同时思考其他同学画出的解剖路径是否正确。在这一过程中，听取教师的指导和激励，掌握解剖的方法，小组合作完成解剖过程。

意图　锻炼学生自主听讲、观察、思考等能力，让学生进一步掌握解剖无脊椎动物(螯虾)的技能，提高学生实作式学习的兴趣。

（四）观察内部

教师：多媒体播放图片，指出螯虾的鳃、肝脏、胃、肌肉等结构，组织学生以小组为单位合作观察螯虾内部结构，指导小组将观察到的结构标注在实验报告的对应位置上，完成"连连看"活动。

学生：自主观察、听讲并思考，初步了解螯虾各个器官的形态特征，在课堂学习单上完成各个器官的形态和功能特征的标注、连线，在分析思考后总结出螯虾各器官的结构特点和功能。

意图　锻炼学生小组合作对完成解剖后的螯虾内部结构进行观察、思考、讨论和分析、归纳其内部形态特征的能力，增进学生实作式学习的兴趣。

（五）总结巩固

教师：出示小结表格，引导全班学生参与梳理、归纳总结所学内容、实验方法和参与学习的收获，利用白板软件组织学生竞赛，引导学生小结。

学生：回忆并思考，参与讨论并对相关知识进行梳理和总结。

意图　锻炼学生梳理归纳知识和个性化体会、参与交流与评价的能力。

（六）课后作业

教师：布置课后小组合作作业，要求学生把螯虾附肢做成标本，供复习使用。

学生：根据要求进行讨论分工，并按标本制作的要求，把螯虾的相关附肢做成标本。

意图　培养学生开展生物实作式观察、解剖和制作标本的兴趣。

四、意义揭示

学生经历"独合结合"的生物实作式学习方式，在课前、课中、课后"三程"的学习过程中，完成了观察和解剖螯虾的过程，很好地培育了生物实作的相关素养、达成了预设的目标。

（一）彰显了生物实作式学习方式的独特价值

通过课前预习解剖过程、课中观察内部和外部结构、课后制作螯虾局部标本的学习过程，学生实现了观察能力、解剖能力和制作标本能力的有机整合，使相关素养在相互促进中得到共同发展。以下从简化性、激励性、辩证性三方面探讨生物实作式学习方式的独特价值。

1. 简化性。本节课既体现了学生独立学习的价值，又借助合作学习、采用分步的方法，通过课前、课中、课后"三程"实施，有效化解了内容量大的学习难度，将实验简化，使学生容易接受难度较大的实验。培养了学生合理分工、独自收集与归纳资料信息、独立思考、交流表达与评议的能力和小组合作完成标本制作的能力，从而保证了螯虾观察、解剖和标本制作等过程的实效。

2. 激励性。本节课用到很多激励形式，使学生参与实验的热情增加。对预习性探究参与积极、课上分享参与主动、方法和经验有一定特色的学生，及时给予语言、表情、鼓掌等多形式的鼓励及表扬，既提高课堂这一环节实验操作的时间效率，又激励学生主动参与课下自主探究活动。课后学生积极探究标本制作的方法，这是以往的实验教学未达到过的效果。

3. 辩证性。围绕螯虾的步足有利于爬行、螯虾的游泳足有利于游泳、螯虾的肝脏有利于吸附有毒物质、螯虾的肌肉有利于运动等特征，归纳总结螯虾的外部和内部结构与其功能相统一，从而客观、科学地增进学生对生物的结构与功能相统一的生命观念的辩证认识。

（二）符合游戏教学理论

所谓"游戏教学"，是指"尽可能地用学生愿意接受、生动有趣的游戏等其他形式，转化学习中枯燥和难以接受的部分，创造丰富的语言交际情景，让学生学习和游戏相结合，真正感受到学习的快乐"[1]。学者卡内罗（Carneiro）指出，游戏教学法是一种基本的教学方法，适用于各个年龄段的学生。[2]

游戏教学具有参与性、竞争性和纠错性。[3]参与性是指游戏能激起学生的学习积极性，调动学生的好奇心和求知欲；竞争性是指在游戏教学中，学生获得的最大奖励就是有赢的可能性，正是这种不确定性给予了学生参与的动力；纠错性是指游戏教学的评价机制，游戏教学的评价机制简单有效，因为游戏的结束意味着完成了一次评价，不用为评价而评价。

课堂中，教师借助电子白板等信息技术设计了课堂的游戏和互动环节，包括

---

① 戴文琪.论游戏教学法的理论基础及现实意义[J].山西青年，2016(17)：96-97.

②③ 周庭华，潘金茜.基于游戏教学理论的高中英语语法教学[J].English Teschers，2017(11)：117-123.

连连看、画一画、对号入座、PK 总结等。精心设计的游戏将螯虾知识与游戏有机结合起来,而在游戏中产生的求知欲和愉悦感能让学生体验到实作式学习的乐趣。在游戏中,性格较内向的学生也会忘掉害羞和发言的恐惧,符合游戏教学的参与性。在 PK 总结游戏中,按照预先设定的程序,两个同学会按照游戏顺序点击正确的选项,在规定时间结束后,程序会根据点击正确率呈现出两个同学的得分。这种激励机制符合游戏教学的竞争性。此外,在 PK 总结游戏中还会根据得分情况总结学生失误的题目并进行分析,这种反馈机制符合游戏教学的纠错性。可见,这样做符合游戏教学理论的参与性、竞争性和纠错性;

(三)提高课堂实作有效性

巴班斯基(Babansky)提出的教学过程最优化理论中,教育最优化的方法之一是"使教学内容符合教学任务,突出主要环节,掌握最本质的东西,选择最合适的课堂教学结构,选择最合理的教学方法和手段"①。

在课堂上,教师用手机投屏等方式播放图片,并提出问题让学生进行讨论;在学生观察螯虾内部结构时,置入"连连看活动"增加评价环节;在小结时,让学生以小组为单位互动交流。这些活动给予学生充分的时间进行思考与讨论,锻炼学生独立思考能力、归纳总结能力、交流表达与评议能力和小组合作能力,形成对形态结构与功能相统一的生命观念的辩证认识,从而让教学方法符合教学过程最优化理论的要求。

（撰稿者：上海市进才实验中学　王娅）

---

① 巴班斯基.教学教育过程最优化[J].考试,2015(09)：90.

第二章

发现学习：亲历寻找过程

　　所谓"发现学习"是指让学习者通过独立学习、独立思考，自行发现知识，掌握原理规则。在"发现学习"中，学习者必须经历一个发现的过程，自己得出结论或找到问题的答案。在探秘式学习中，学生通过对"生涯"的探秘，发展自我概念、表达需要、修饰自己的人生角色。在行走式学习中，学生通过一系列研学活动，发现历史人文之美，理解特色文化。在应用式学习中，学生在生活情境中进行数学函数建模，制定合理方案，激发生活中的函数探索兴趣。

探秘式学习：游戏活动中的生涯初探

摘要 "生涯探秘式学习"是指学生可以在课堂内外以独立学习与合作学习相结合的方式，通过游戏、情境的体验开启一场生涯探索之旅。在对职业生涯发展的研究过程中，心理学家舒伯将人生生涯发展分为五个阶段：成长、探索、创业、维持和衰退阶段。初中阶段学生正处于生涯发展中"成长"与"探索"两个阶段承上启下的时期，因此他们可以通过对"生涯"的探秘，来发展自我概念，以各种不同的方式来表达自己的需要，经过对现实世界不断地尝试，调整他们自己的人生角色。

心理健康教育在初中阶段的主要内容之一就是：把握升学选择的方向，培养职业规划意识，树立早期职业发展目标。[①] 从初中学生的心理辅导活动课程设计要求来看，要从学生的特点和需求出发，运用情景创设、问题辨析、游戏体验、角色扮演等各种各样的形式开展课程活动。以注重学生的体验和感悟为主，依托互助、自助为机制的人际互动，强调学生的自我探索和自主发展。在本次课程所开展的生涯探秘式学习中，教师借助了"旅行手账"和"生涯彩虹图"等不同形式的表达方式，引导学生通过小组合作制作、展示、对比、归纳、完成个人作品等独立学习与合作学习相结合的方式，来探索生涯发展的不同阶段，使学生初步了解生涯发展知识，增进生涯发展意识。

---

① 教育部.中小学心理健康教育指导纲要[Z].2012(15).

（一）学情分析

对于刚刚进入初中学习的预备年级学生而言,他们的合作学习意识较为薄弱,班级里部分学生的注意力稳定性不够强,但对形象生动、形式多样的独立学习与合作学习相结合的体验式学习很有兴趣。

这个阶段的学生对未来有许多设想,但真正的生涯发展意识较为薄弱,相关知识也较为有限。课程中通过独立学习与合作学习相结合的探秘式学习,引导学生从不同的人生发展阶段与不同的人生角色彼此间的相互影响,初步开展对于生涯发展的自我探索,学习生涯发展知识,增进生涯发展意识,提升基于独立学习与合作学习相结合的心理健康发展素养。

（二）教材分析

本课参考 2012 年上海教育出版社出版的《初中生心理健康自助手册》[①]专题八"与自我对话"中的《我的升级版》这一课的内容,主要从如何实现目标、规划自己未来的角度来谈论"理想"这一话题,旨在引导学生更好地认识自我、发展自我,借助理想、目标的讨论,以达到不断发展自我的目的。

本课内容和教材的编排较适合引导学生进行独立学习与合作学习相结合、以探秘式学习为主的体验学习。学生根据人生成长过程中在可能经历的不同生涯发展时期所扮演的不同角色——学习者、工作者、持家者、休闲者,以及这些角色的相互关联性与存在着的一些冲突,对于未来生涯发展方向进行分析,小组合作完成"旅行手账"生涯发展探秘式学习系列活动和课内合作观察。课外自主设计"生涯彩虹图"——生涯发展路线探秘式学习,认识人生发展的五个阶段,把握人生中 15 岁、25 岁、45 岁三个年龄段的角色内容重点,思考体悟一个人在不同年龄阶段所扮演的角色之间的关系与冲突,以及如何协调这些角色,增进生涯发展意识。

---

① 蒋薇美.初中生心理健康自助手册教学参考资料[M].上海:上海教育出版社,2015:125-126.

1. 学生以小组合作形式完成"旅行手账"的生涯探秘式学习系列任务活动,能够承担完成分工的任务;积极参与小组合作,制作"旅行手账";能结合课内合作观察、课外自主设计,对自己的生涯发展情况进行自我的思考。

2. 在生涯发展知识方面,学生通过探讨生涯发展的五个阶段及不同生涯发展时期所扮演的四种角色——学习者、工作者、持家者、休闲者,思考这些角色相互之间的关联性与存在的一些冲突,以及如何协调这些角色。

3. 通过课内合作观察与听取理论介绍、课外独立设计规划自己的"生涯彩虹图"的探秘生涯发展路线学习活动,锻炼合作观察能力和自主设想、合理规划生涯发展能力。增进生涯发展规律意识和关注当下自我,树立早期职业发展目标的意识,并结合当下为之努力,激发基于独立学习与合作学习相结合的生涯探秘式学习的兴趣。

三、实践过程

在本课程中,学生需要以小组合作的方式制作"旅行手账",主要从以下几个方面开展。其一,以贴图的方式完成生涯发展重心与特点探秘体验式学习。学生挑选不同年龄阶段中具有代表性的生活、工作、学习、休闲等类型事件、地点图的贴纸,在海报纸上组合拼贴,用文字进行简单说明,教师在此过程中注意加强随机指导,促进小组合作完成贴图,把握生涯不同阶段应关注的重心与特点。其二,生涯场景之人生阶段差异合作探秘式学习。学生合作模拟 15 岁、25 岁、45 岁三个年龄阶段的生涯场景,进行口头描述、差异对比,初步建立生涯概念。其三,合作展示"手账",对比、归纳不同人生阶段差异。小组展示"旅行手帐"作品,学生观察各组所完成的作品,关注生涯发展的过程,对比、归纳不同小组作品的差异,进一步自主体悟人生不同阶段的差异、重点和特点,增进生涯发展的意识,锻炼比较、归纳、体悟的能力。

学生通过合作观察和自主设计"生涯彩虹图",将"生涯发展路线探秘式学习"

分为两部分。在课上,学生合作观察"生涯彩虹图"、探秘体验"角色",并听取教师讲授的相关理论,理解不同年龄阶段的人生角色。在课外,学生根据当下现实情况和自己的理想,独立完成"生涯彩虹图",初步规划自己的生涯发展路线,巩固课程所学知识。

(一)提问与猜想

教师:出示演示文稿(PowerPoint,以下简称 PPT),展现"岁月站台"坐标图,引导学生观察"人生号列车"所经过的不同人生阶段,了解学生想去的不同"岁月站台"及原因。

学生:观察、猜想、思考人生所经历的不同阶段,分享自己想去的"岁月站台"及原因。活动中积极发言,满怀希望畅想未来。

意图 人生发展阶段导入,激发学生探讨生涯发展话题的兴趣。

(二)合作制作"旅行手账",探秘生涯发展关系,增进生涯发展意识

环节一:组织贴图,体验认识不同生涯发展的重心与特点。

教师:要求学生以小组合作的方式制作相应年龄的"旅行手账"。做法要求:派代表抽取"岁月站台""车票",小组成员运用教师给予的材料,合作选择生活、工作、学习、休闲等不同年龄阶段的典型事件、地点图进行生涯发展贴图,完成制作相应年龄的"旅行手账"。教师指导学生组内分享本组完成的作品,说一说每个"岁月站台"的手账具有的特点,并随机巡视,进行激励与引导。

学生:观、听、思,相关代表抽取"岁月站台""车票",小组成员运用教师给予的材料,合作选取相应贴纸,分别在 15 岁、25 岁、45 的"岁月站台"上完成"旅行手账"制作活动。组内展示作品,参与交流介绍,观察和归纳本组作品特色。学生在小组完成作品过程中能够各抒己见,小组作品呈现多元化。

意图 学生可以体验、认识不同人生角色、不同生涯发展重心与特点,初步树立生涯发展意识,增进小组合作探秘生涯发展体验学习的兴趣。

环节二:合作开展不同阶段生涯场景探秘体验,初步理解生涯概念。

教师:要求学生合作模拟、口头描述和对比 15 岁、25 岁、45 不同年龄阶段相关生涯场景与差异,并简析差异产生的原因。让学生合作开展三个年龄段的场景

模拟,口头描述、对比和析因,教师进行随机激励与引导。

学生:根据要求,合作开展三个年龄段的场景模拟,口头描述、对比三个年龄段相关生涯场景与差异,并简析差异产生的原因。听取教师的随机激励与引导,形成自己对生涯概念的认识。

意图 锻炼学生合作开展不同阶段生涯场景模拟、口头描述、对比和简析差异的能力;内化生涯概念;增进合作开展生涯场景探秘体验的兴趣。

环节三:合作展示、对比、归纳探秘体验,增进生涯发展意识。

教师:组织学生合作展示,观察各组"旅行手账"上所描述的生涯特点,归纳人在一生中所扮演的"四者"(学习者、工作者、持家者、休闲者)角色;思考这些角色特点的形成原因。

引导学生思考当下自己所拥有的且有助于以后发展的资源,比较当下自己的情况与各小组展示的"手账"中的"岁月站台"上所呈现的人生任务的相同与不同之处。教师听取学生比较的情况,作随机激励与指导。

学生:根据教师要求,观察、思考不同年龄段不同角色的人生任务重心;参与回答、概括特点,体悟当下的自我与未来的关系。学生在展示作品过程中敢于展现自我特色,并听取教师的激励与引导,思考并内化。

意图 使学生能够巩固对不同生涯发展阶段和不同人生角色的认识;注意关注当下,增进生涯发展意识;锻炼合作展示、对比、归纳能力和自主思考、内化能力。

(三) 合作观察"生涯彩虹图",探秘不同角色的关系与冲突

教师:出示"生涯彩虹图"样例,引导学生观察四种角色在三个年龄阶段所花费精力的比例,思考、归纳在人生不同阶段,不同角色之间的关系与冲突,并简要说明理由。对学生的观察、归纳和阐述的理由进行随机激励与指导。向学生介绍"生涯彩虹图"理论。

学生:根据要求与引导,参与合作观察样例;思考、比较、归纳各角色在人生"三龄段"中的关系与冲突,并简单说明理由。听取教师介绍,自主思考、内化"生涯彩虹图"理论。

意图 锻炼学生合作观察探秘体验不同人生角色的能力;对比、归纳不同年龄阶段的人生角色之间的关系与冲突并阐述理由,提高合作观察探秘不同人生角

色的关系与冲突并阐述理由的能力。

（四）合作总结生涯探秘式学习，巩固生涯意识和合作总结能力

教师：出示 PPT，引导学生合作总结本课所学内容、运用的学习方式、方法。简要评价同学参与独立学习与合作学习相结合的生涯探秘式学习活动过程中的表现。教师听取合作总结与简评情况，加强激励与引导。

学生：参与合作小结所学内容、主要的学习方式和方法。对小组同学进行自评与互评。听取教师的激励与引导，自主思考、内化。

意图　培养学生合作总结方法和合作评价能力；激励学生积极回忆、思考，参与合作总结、进行互评，提高生涯探秘式学习实效。

（五）课外自主完成绘制自己的"生涯彩虹图"探秘体验式学习任务

教师：下发课后活动单，要求学生运用饼图的方式，画一画自己当下的角色分配，运用"生涯彩虹图"，初步规划自己的生涯发展，下节课上进行分享。

学生：运用听、忆、思的方式，结合所学，设计、绘制自己的"生涯彩虹图"（见图2-1），并在下节课进行分享。

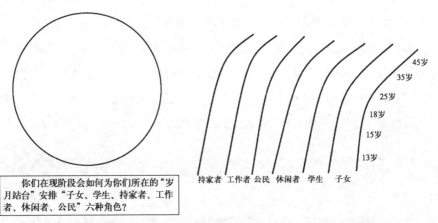

图2-1　课后作业："生涯彩虹图"分别以饼图和彩虹图形式（现阶段与未来）展现

意图　加强学生对生涯发展的不同阶段和不同角色的重心、特点和关系、冲突等方面的认识；能结合自身，锻炼灵活运用"生涯彩虹图"进行设计和交流的能

力;增进关注当下、合理规划生涯发展,并为之努力的意识。

(六)主要成效

对于生涯话题的探讨,预备年级的学生较为大胆,并且敢于表现。在分享的过程中,既有对自我的认识,也有对自我的探讨。班级形成的积极氛围,使得讨论气氛热烈。课堂过程中,教师与学生的随机激励,及在不同阶段对学生表现的概括,让学生更加乐于进行生涯探索。本课的成效可以从以下几个方面进行概括:

其一,在课堂中,学生以小组合作形式,全员以制作"旅行手账"的方式,通过对实际场景的模拟体验构建出不同生涯发展阶段的不同场景,对人生各阶段的角色进行了探秘体验,所有学生都能通过本课初步树立生涯发展的意识,知道"生涯"观念将对人的一生产生重要影响。

其二,通过课后绘制的"角色分配饼图",大部分学生能够了解不同生涯阶段的不同角色,也对其进行了角色之间关系与冲突的探讨,对如何协调人生中的各种角色进行了较为全面的思考。

其三,学生可以通过独立学习和合作学习相结合的方式展开对生涯发展话题的探秘体验式学习,组内的合作与组间的分享激发了学生思考人生所经历的不同阶段;在课堂反馈过程中,学生能够归纳说出不同年龄阶段的特点,在课后绘制的"生涯彩虹图"中可以看出,他们可以初步把握角色之间的关系及冲突。

其四,活动过程中,教师能够注意到学生对于自我发展的积极认识,能够对学生进行引导,如在学生展示作品时引导学生通过对比知道人生不同阶段的侧重点。学生可以自主表达和总结对于生涯发展阶段和人生不同角色的认识。巩固了生涯发展的概念,及对当下阶段与今后人生发展关系的认识,进一步认识了自我。

四、意义揭示

通过本课的实践探索,探秘体验式学习对学生生涯素养的培养分别体现在主体性、趣味性、适龄性、统整性和实效性五个方面。

其一,主体性。所谓"生涯探秘"是指学生通过课堂设置的活动对生涯发展的体验。"生涯"对于初中生而言,是一个比较陌生的概念和话题,更需要学习主体的多多参与。因而,在针对预备年级学生的本课设计中,注意以学生亲历性的生涯探秘式活动为主。如,学生通过"旅行手账"的设计和展示,描述了对于不同生涯发展阶段中个人所要扮演的不同角色的理解;又如,通过对比、归纳以及在课后作业中绘制自己当下和未来的生涯彩虹图,来探讨不同角色之间的关系与冲突。在这样由学生为主"独合结合"的探秘体验式学习活动过程中,学生对一个原本相对模糊的"生涯"概念,有了较为清晰的感性与理性兼具的认识,也增进了对当下阶段夯实学业基础与今后自我发展关系的认识,激发起自主开展生涯发展设想的探索。

其二,趣味性。通过本节课"手账制作"活动的设置、话题的探讨,学生可以从体验人生三个不同的阶段,来思考个人生涯在不同阶段的侧重点;通过比较人的一生中所会扮演的四种不同角色,来关注人生不同阶段的内容重点和特色;通过课后画一画自己当下的角色分配,运用"生涯彩虹图",初步规划自己的生涯发展,增进关注当下、合理规划生涯发展,并为之努力的意识。结合自身绘制"旅行手账"及进行"生涯彩虹图"的设计和交流探秘活动,学生在用贴纸和彩笔创作的过程中,产生了新奇的体验,有效提升了参与活动的趣味性。

其三,适龄性。《上海市教育委员会关于加强中小学生涯教育的指导意见》(2018—2020)指出,初中阶段的生涯教育侧重于生涯探索及生涯计划,这个阶段的主要任务是:个体发展有关自我和职业世界的知识和基本技能;探索生涯方面的知识和其他有关生涯选择的重要因素;掌握一定的生涯决策技能。因此,对于初中阶段的生涯辅导而言,所强调的并非要个体提出一个清晰的生涯规划,而是帮助学生建立正确的生涯观念,掌握自己的生涯发展进程。本课所展开的学生生涯探索和"独合结合"系列探秘式体验活动,都是基于这样的定位,实施的结果也切实有效增进了初中生的生涯意识。

其四,统整性。本次的教学实践课,围绕学生生涯意识的"培养—聚焦",对生涯发展之"三龄段"和"四者"角色进行了探讨,有效地实现了学生"三程"学习、"独合结合"学习、系列探秘式体验学习与其他"三式"有机运用引导学习、绘制"旅行手账"和进行"生涯彩虹图"的设计与交流间的统整性,从而润物细无声地引导着学生逐步深入地展开探索,了解到一个人在不同年龄段所会扮演的不同角色,并对不同角色之间的关系进行思考与分析,进而增进了对于"生涯"的理解和意识。

其五，实效性。由于本课实施的完成度与课程设计基本匹配，且上述"四性"价值的落实，保证了课堂实效性，对学生的生涯指导发挥了实际功效。最为明显的就是学生提升了对生涯意识之"三龄段""四种角色"和自我认识进行探索的兴趣，并意识到需要关注当下，夯实学业基础。

"健康生活"是我国学生发展的核心素养之一，主要是指学生在认识自我、发展身心、规划人生等方面的综合表现。其中对学生的自我管理能力提出了具体的要求，包括能正确认识与评估自我、依据自身个性和潜质选择适合的发展方向、合理分配和使用时间与精力、具有达成目标的持续行动力等。因此，在"独合结合"完成相应生涯发展探秘任务的学习中，学生所进行的相互激励与自我探索，都符合学生健康生活素养培养的需要，学生可以在课程活动过程中，反思自身个性特点，认知评估自我，初步形成自我发展的目标。

（撰稿者：上海市进才实验中学　李文君）

范型 2-2

行走式学习：在研学中提升语文素养

摘要　行走式学习让学生在自然社会真实情境中,通过一系列行走式研学活动的体验和实践,不断加强语言运用能力,提升思维品质,学会欣赏研学过程中的历史人文之美,尊重理解特色文化,形成热爱中华文化的情感。同时,学生在研学过程中接触自然和社会,在口语交际、信息搜集处理、多媒体制作等综合素养方面也得到了全方位的锻炼和提高,培养了学生独立自理、团结合作、敢于探究创新等综合品质,不仅提升语文学习的素养,更有助于创新精神和实践能力的综合素养的培养以及社会责任意识的提高。

本课以行走前、行走中、行走后,课前、课堂、课后两个"三程"相结合实施基于独立学习与合作学习相结合的行走式学习等"五式",来锻炼、提升学生的语文综合素养。即课前组织学生完成一次三天的古徽州游学活动,并在游学活动中根据学习任务单完成诗词背诵、对联搜集照片分享、宏村讲解小视频、胡适故居采访小视频四项任务;课上以合作展演,合作评价式、信息技术整合式与随机激励式学习,激励合作评价,加强对学生语文综合素养的锻炼和提升;课后继续独立完成小作文并交流评价以进行完善,增强学生以行走式学习提升语文综合素养的价值意识和主动提升语文综合素养的意识;初步掌握讲解视频和采访视频制作的过程和方法,提升学生语言运用、审美鉴赏、文化传承等语文核心素养和口语交际、信息搜集处理、多媒体制作等综合素养,并培养合作赏析、完善作品的探究意识。

一、设计依据

（一）学情分析

初二(12)班学生的语文基础知识扎实,学习能力较强,在日常的学习活动中,班级学生表现活泼外向,善于表达自我,乐于与他人交流,大部分学生流露出对语文学习的浓厚兴趣,参与朗诵、演讲、小报制作等语文综合性活动积极性高,表现良好。在这些语文学习活动中,学生的语言建构与运用、文化理解与传承等语文核心素养得到了发展和提升,同时在口语交际、信息搜集处理、多媒体制作等综合素养方面也得到了全方位的锻炼和培养。

研学活动作为行走式学习的一个主要形式,通过集体实地旅行实践活动,让学生在研学旅行中积极体验、总结、反思,在语文文化基础、自主发展、社会参与素养方面都促进学生积极提升,可以说是没有围墙的鲜活的社会课堂。班级学生对研学活动这一语文学习形式极为有兴趣,在行前的问卷调查中,有将近70%的学生选择乐意采用实地考察方式来学习了解某地的文化历史,但班级学生还从未集体参与过任何研学活动,需要在研学活动的计划、设置、达成目标和完成方式上得到有效指导,从而使他们行走式学习的主动参与度、积极实践、反思提升等素养得到发展提高。

班级学生开朗热情,友爱团结,善于自主学习,也善于合作学习,在平时学习活动中经常通过小组合作完成各项学习任务,小组分工比较明确,小组长领导有力,能够较好地合作完成各项综合性学习项目,学生也对合作学习方式十分认可,参与积极性非常高,能达到100%的参与度,在同伴激励下还会有更出色的表现。

（二）课标分析

《2019版义务教育语文新课程标准》(以下简称《新课标》)中指出,语文课程必须根据学生身心发展和语文学习的特点,鼓励自主阅读、自由表达,充分激发他们的问题意识和进取精神,注重个体差异和不同学习要求,积极倡导自主、合作、探究的学习方式。教学内容的确定,教学方法的选择,评价方式的设计,都应有助于这种学习方式的形成。独立学习与合作学习相结合实施行走式学习正是对自主合作探究学习方式的实践和探索,对语文学习方式优化的积极创新。

《新课标》中还指出,语文综合性学习有利于学生在感兴趣的自主活动中全面提高语文素养,让学生在语文实践中学习语文,学会学习,善于通过专题学习等方式,沟通课堂内外,沟通听说读写,增加学生语文实践的机会,开展综合性学习活动,拓宽学生的学习空间。语文行走式学习带领学生走出传统课堂,让语文走向生活,在专题实践学习活动中全面提升语文能力和素养。[①]

《新课标》要求:"要灵活使用多种教学策略和现代教育技术,努力探索网络环境下新的教学方式,从而提升语文教学。"在行走式学习中,学生学会了运用摄像技术、视频制作技术,以及通过线上网课共同分享学习成果,在此过程中教师和学生都能更灵活地使用多种现代教育技术,利用网络环境下的便利条件为语文学习服务。

《高中语文课程标准》提出:"语文教育必须同时促进学生思维能力的发展与思维品质的提升;语文教育也是提高审美素养的重要途径,要让学生在语言文字运用的学习中受到美的熏陶,培养自觉的审美意识和高尚的审美情趣,培养审美感知和创造表现的能力;语言文字的运用体现时代的发展状况和人的文化修养,语文课程应该引导学生自觉继承中华优秀传统文化。"同时,《新课标》中也提出:"语文课程要致力于提升学生的综合素养,为学好其他课程打下基础。"

(三) 教育部《纲要》依据

教育部关于《中小学综合实践活动课程指导纲要》(以下简称《纲要》)明确规定,综合实践活动是从学生的真实生活和发展需要出发,从生活情境中发现问题,转化为活动主题,通过探究、服务、制作、体验等方式,培养学生综合素质的跨学科实践性课程。[②] 按照《纲要》,综合实践活动是国家义务教育和普通高中课程方案规定的必修课程,与学科课程并列设置,具体内容以学校开发为主。行走式学习被看作综合实践活动的重要形式。

---

① 王振亚.在实践中提升学生综合素质——聚焦《中小学综合实践活动课程指导纲要》[J].湖南教育(A版),2017,(12):14-15.

② 柳夕浪.正确把握"四个关系",着力推动课程形态变革——《中小学综合实践活动课程指导纲要》解读[J].课程.教材.教法,2018,38(11):67-71+97.

本课题的研究旨在通过改变教师的教与学生的学,用独立学习与合作学习相结合语文行走式学习方式改变传统的语文学习方式,在综合实践活动中寻找语文学习的更多方法和路径,寻求"创新式语文教学方式"。

(四) 教材分析

部编语文教材中每个学期都设计了两项语文综合性学习,例如语文八年级教材中的《人无信不立》《我们的互联网时代》;语文九年级教材中也编写了《君子自强不息》《走进小说天地》等综合性学习。在课本内容的基础上,综合性学习的内容与方式有很大的挖掘发展空间。语文教材改为部编教材之后,古诗文传统文化学习内容明显增多,这也要求教师在平时的教学中注重对学生进行古诗文传统文化的熏陶,运用各种方式手段激发学生学习兴趣,夯实学生人文历史传统文化的基础功底,提升学生传统文化素养。

这堂课作为教材内容的拓展,教师自主设计了一次为期3天的"行走徽州"游学活动,让学生在真实的游学过程中行走学习,对古徽州的特色历史人文做亲身体验、深入探究。第一天我们乘坐大巴由上海—歙县—祁门,路途中开设大巴诗词课堂,游历徽府古城与渔梁坝两处并朗诵与之对应的唐诗;第二天我们由祁门—黟县—绩溪,参观茶叶博物馆学习与茶叶有关的唐诗,漫步世界文化遗产地宏村古村落,小组合作完成宏村讲解小视频制作;第三天行走绩溪古村落上庄与民国时期的胡适故居,体验流动在美国与故乡之间的胡适诗词,小组合作完成胡适故居采访小视频;下午返沪,大巴诗词课堂复习背诵3天所学古诗文,进行小组古诗文背诵竞赛。

本次"行走徽州"游学活动要求:每个学生精选拍摄的人文风景照片2张并命名,拍摄搜集3副徽派古建筑中的对联,整理并在班级分享讲评;背诵自编教材《行走中的诗词——徽州行》中的11篇诗文,重点推荐2首诗文,并说出推荐理由;小组合作完成一个3分钟以上的视频,内容是学生感兴趣的某一徽州文化主题(如诗词、古建筑、对联、牌楼等)的介绍讲解,要求必须有讲解员出镜,人数不限,文案提前准备;小组完成一次10分钟左右的采访,采访对象可以是当地居民、讲解员或导游、工作人员等,提前列好一个包含10个问题的采访提纲,采访后撰写一份300字左右的采访报告并上交给教师。

通过诗词背诵、对联照片搜集分享，讲解视频和采访视频的制作，开展个人、组内、全班等多元的评价交流，增强学生认识徽州地区人文历史价值的意识和主动了解学习不同文化的意识；了解徽州人文历史的特点；初步掌握讲解视频的制作和完成一次采访视频的具体方法，提升学生语言运用、思维发展、审美鉴赏、文化传承等语文核心素养[①]；全方位锻炼和培养口语交际、信息搜集处理、多媒体制作等综合素养，并培养合作赏析、评价反思和完善作品的探究意识。

二、教学目标

1. 100％的学生熟读背诵 6 首以上关于徽州的古诗文，拍摄 2 张徽州照片并命名，拍摄搜集 3 幅徽州古建筑中的对联并理解其内涵，80％左右的学生深入了解徽州传统文化中 1—2 种文化，85％左右的学生掌握讲解视频和采访视频制作的基本要素，75％左右的学生具有初步根据评价标准进行个人、组内、组间等多元评价，并进行总结反思、改进提升自我的能力。学生语文学习综合素养得到锻炼提升，初步认识独立学习与合作学习相结合进行语文行走式学习的意义。

2. 行走前：全体学生完成问卷星《行走式学习——徽州行行前调查》，学生根据行走前学习单了解完成古诗文背诵积累等 4 个学习任务的具体要求，全体学生进行自愿分组并推选组长。课前强化学生个人独立学习完成任务的意识，激发学生参与行走式学习的兴趣。

行走中：每个组员能够在小组长的带领下选择积累文质兼美的对联，完成照片拍摄命名，小组成员相互监督，积极完成每日古诗文背诵任务。在组长带领下，积极担任不同角色，完成任务分工，如独立查找搜集资料、撰写讲解词和采访词、拍摄小视频等，锻炼培养语言运用、文化理解传承等语文素养，促进口语交际、摄影、多媒体技术多项综合素养的锻炼提高。

行走后：学生以合作学习形式进行头脑风暴，互相取长补短，对收集来的资料进行整合，参照评价标准，对自己承担的任务，进行反复揣摩和修改，并从中有所区别地体悟语文行走式学习在主题选择、查找资料、学习积累，合作制作作品、展

---

① 刘义民,李志超.基于语文核心素养培养的任务教学及其设计[J].教育导刊,2019(07)：72 - 77.

示评选活动等方面的标准方法,提升自己的反思改善能力。

课前:组织各小组对课前合作搜集的相关诗词文化知识和视频进行整理,准备在全班做交流分享。从中进一步体悟自主独立学习与合作学习的方法,提升能力。

课中:小组或个人能够流畅且富有情感地进行古诗文背诵表演,能够将本组收集积累的对联照片清晰全面地介绍给班级同学,小组成员自然地介绍展示本组的讲解小视频和采访视频。对自己在交流实践式学习中的表现进行个人自我评价,并进行反思;能够参照评价标准对他人在探究活动中的表现进行中肯的点评,从中体悟语文行走式学习分享与评价的方法。

课后:在"晓黑板"平台填写个人自我评价表和小组评价表;课后撰写短文《我眼中的徽州》并上传到"晓黑板"讨论区,相互评价留言;评选优胜奖项,组织独立反思与合作讨论、交流反思情况,发现各自在参与收集查找资料、视频制作、演示文稿制作、交流分享、展示评价中的优点、缺点和改进方向;和家长交流自己在本次活动中的表现和感受,进行自我反思,从中体悟行走式学习探究中独立学习与合作学习的方法。

3. 激发独合结合进行人文历史传统文化探究,以及开展资料收集、文章撰写、课堂演讲、课堂展示、文化交流和评价实践式学习的兴趣;感受在行走式学习中提升个人语文综合素养所产生的积极影响,增强个体投入行走式对人文历史传统文化进行探究的整体实施的知识认知,进而增强个体的责任意识和团队合作意识,增强继续进行独合结合语文行走式学习的兴趣,并养成借助行走式学习提升综合素养的良好习惯。

三、实践过程

根据上情,本课以结合行走前调查、行走中搜集整理、行走后制作反思,以及课前研学、积累、制作,课堂展示、分享、评价、小结,课后评价、总结反思的两个"三程",整合实施基于独立学习与合作学习相结合的语文行走式学习的"六式"——课前"独合结合"任务驱动式、课堂合作展评式、课上合作总结+课后独自与合作反思式、借助信息技术式、借助"三程三单"式、激励式,来提升学生学习历史人文相关的意识、知识、能力和良好行为习惯的"四素养",进而促进学生提升语文学习综合素养和其他相关素养作为总体设计思路,[1]具体落实安排概述如下：

1. 行走前：28 名参加游学活动的学生自愿分成 5 组,每组人数 5—6 人,全体组员自主推选组长。全体完成问卷星《行走式学习——徽州行行前调查》,学生根据行走前学习单了解完成古诗文背诵积累等 4 个学习任务的具体要求。课前强化学生个人独立学习完成任务的意识。

2. 行走中：全组同学共同准备古诗文背诵活动,相互督促完成每日古诗文背诵。游学行走过程中分头进行资料的收集和准备。独自完成 2 幅照片的拍摄和命名,提交微信群进行展示,教师或同学进行点评。独自完成 3 副对联的拍摄搜集,并自己搜索资料或咨询讲解员进行解读,读懂对联的含义和思想内涵,并能用自己的语言清晰地表达出来。小组合作完成宏村的讲解视频,选题可以是与宏村相关的诗文解读、宏村徽派建筑解读、宏村的水系特点、宏村的历史变迁等。组员每人出镜讲解 1 分钟,分别负责文字撰稿、配乐、后期配音、后期剪辑等。小组合作完成胡适故居采访小视频,组员分工,分别负责采访选题、采访问题准备、采访对象联系、担任采访记者,负责摄像、后期制作等。通过课前的准备,引导学生在独立学习与合作学习过程中了解基本的徽州人文历史传统文化知识,增强动手能力和团队合作意识。

3. 行走后：小组合作完成学习任务——宏村的讲解视频和胡适故居采访小视频,组员分工整理照片和对联准备小组展示,学生合作意识进一步增强,合作能力得到充分展现和锻炼。

4. 课前：各小组对课前合作搜集的相关诗词文化知识和视频进行整理、剪辑和后期制作,复习背诵积累 11 首古诗文,准备在课上做交流分享。

5. 课中：学生分成 5 组,逐一进行游学过程中古诗文背诵积累、对联照片分享、宏村讲解小视频、胡适故居采访小视频探究成果的介绍,每个组的介绍时间不超过 5 分钟；接着,5 个组分别派出一名代表,介绍本组此次行走式学习中表现最佳的一件事,或最能感动大家的一件事,并且介绍点评每位组员在这次行走式学

---

① 赵建锁.行走在春天里的语文——关于语文实践活动的行与思[J].小学教学研究,2015(05):14 - 15.

习中的表现和对小组的贡献;然后每组针对小组 4 个作品(古诗文背诵表演、对联照片分享、宏村讲解小视频、胡适故居采访小视频)为自己小组在班级拉票 1 分钟。

6. 课后:同学之间继续交流自己在行走式探究学习中的收获,反思可以改进的地方。学生在"晓黑板"调查区进行投票评选"古诗文达人奖、对联照片最佳展示奖、讲解达人奖、采访达人奖"奖项;在"晓黑板"填写个人自我评价表和小组评价表;课后撰写短文《我眼中的徽州》并上传到"晓黑板"讨论区,学生间相互评价留言。老师对评选的结果进行宣布和颁奖,挑选 2 个组的代表谈获奖感言,同时对在本次实践式学习中的表现进行个人自我评价,并进行反思;老师对全体学生的表现进行点评,锻炼全体学生根据标准点评语文课堂活动情况的能力,独自反思和评价、改进的意识,增强独合结合进行语文探究和评价的能力及兴趣。

(一)简要回顾

教师:借助多媒体在线简要回顾行走徽州活动的流程;借助课前先独后合学习单,分项反馈学习情况。组织 5 个学生学习小组,轮流背诵表演行走徽州前选编的诗集《行走中的诗词——徽州行》,诗集中收录了 11 首反映徽州相关特色经典文化的古诗文。根据评价表在相关处进行评价,抽取不同小组的 2—3 位同学进行在线评价;教师注意倾听和观察学生的背诵和表演,加强预设和随机激励与引导。

学生:注意倾听,唤起行走徽州活动经历;以小组为单位进行古诗文背诵、表演,内化徽州特色文化;绝大部分学生都能背诵出诗集中 7 首以上的内容,少数学生能够背诵出《琵琶行》全诗,所有学生都积累了一些关于徽州的古诗文名句,表现出了对徽州诗词文化的更多兴趣。根据表格,进行独立评价;被抽取的学生在线进行评价交流;听取教师随机激励与引导,内化特色古诗文背诵、表演与评价素养。

意图分析 行走徽州活动的流程与小组合作诵、演、评古诗文的导入,让学生再次感受到徽州古诗文的魅力,唤起学生对行走徽州活动经历的回忆;增进学生"先独后合"进行学习准备的意识;培养学生合作背诵、表演徽州古诗文和内化其文化内涵的能力;激发学生进一步了解亲近徽州特色文化的兴趣;提升学生根据标准和随机引导,独立进行特色文化的古诗文背诵、表演与评价的素养;增进学生这样学习的兴趣。

(二) 照片分享

教师:组织学生分 5 个小组按序展示行走中拍摄的照片和对联,每组精选推荐 2 张照片,3 副对联。分组介绍照片内容、特色,解读对联的文化内涵,并谈谈自己的感想;抽取不同小组的 2—3 位同学,进行在线评价;注意倾听和观察学生的介绍和讲解,加强预设和随机激励与引导。

学生:5 个小组逐一进行照片、对联搜集分享的探究成果的介绍和讲解。学生独立观、听、思,感受徽州自然人文风景的优美,体悟对联中深厚的思想文化内涵,真切感受到徽州文化底蕴的悠久、深厚、广博;根据表格,进行独立评价,被抽取的 2—3 位同学在线进行评价。听取教师随机激励与引导,内化语言文字运用、审美鉴赏、文化理解素养,以及拍摄和评价等综合素养。

意图分析 锻炼学生独合结合搜集整理概括分享专项信息的能力,增进对徽州文化的情感,拉近学生与徽州文化的距离,增强学生学习兴趣;提升学生对自然人文景观和对联这一特色语言形式的审美鉴赏素养;培养学生合作交流完成照片整理、对联搜集任务的能力,以及理解表达其中的审美和文化内涵的能力。

(三) 讲解视频分享

教师:组织学生分 5 个小组按序展示行走中拍摄制作的宏村讲解小视频;分组介绍讲解小视频的制作过程,并谈谈自己和小组成员合作的过程及感想;要求学生根据评价表在相关处进行评价,抽取不同小组的 2—3 位同学进行在线评价;教师注意倾听和观察学生的介绍及讲解,加强预设和随机激励与引导。

学生:5 个小组逐一进行宏村人文历史讲解小视频的探究成果的介绍。其中小视频《宏村水系》中,小组学生 5 人都出镜讲解,从总说到分说,从宏村水系的构造、功能、文化角度进行了全面讲解,后期配音音乐剪辑都非常出色,充分展现出徽州古村落的优美景色和历史文化特色。学生在听、思、内化之后,抽取 2—3 位学生进行当堂评价。学生内化语言文字运用、文化理解素养,以及口语表达、信息搜集处理、多媒体制作等综合素养。

意图分析　培养学生信息搜集能力,锻炼对大量信息进行处理的能力,以及现场讲解特色文化的能力;增进对宏村人文历史的情感,学生分析、思辨、概括等思维品质得到锻炼,对徽州特色文化有更多理解;培养学生运用独合结合学习方式进行小组学习的习惯和能力,提升合作学习的素养,锻炼独合结合借助视频技术现场讲解特色文化的能力。

(四)采访视频分享

教师:组织学生分 5 个小组按序展示行走中拍摄制作的胡适故居采访小视频,小组成员代表介绍视频制作的过程、谈谈制作的感想和小组完成任务过程中的亮点特色;要求学生根据评价表在相关处进行评价,然后抽取不同小组的 2—3 位同学进行在线评价;教师注意倾听和观察学生的介绍和讲解,加强预设和随机激励与引导。

学生:5 个小组逐一进行胡适故居相关人物采访的探究成果的介绍。第三小组采访了当地留守儿童,第五小组采访了胡适的侄儿,都进行了 10 分钟左右的访谈,从各个角度提问,解决了自己心中的疑问,也深入了解到徽州传统文化,当地居民的生活现状和徽州同龄人的学习生活成长状况。学生在听、思、内化之后,2—3 位同学进行当场评价;学生听取随机激励与引导,内化语言运用、思维品质、文化理解与传承等语文素养,以及口语交际、信息搜集处理、多媒体制作等综合素养。

意图分析　锻炼学生现场采访历史名人成长事迹的能力,增进对当地历史名人成长的了解和对实地采访价值的认识;对徽州民风人情有更深的了解;提升学生口语交际及采访的能力和素养,提升语言运用能力,提升文化理解和传承的素养;提高学生信息搜集与处理、多媒体制作等综合素养;增强小组合作学习的意识和能力,提升独合结合学习素养与兴趣。

(五)实施总结

教师:请每组学生推选一位代表总结评价,对自己组和其他 4 个组进行评价;在"晓黑板"调查区下发评价表,发起最佳小组与个人的评选工作,组织学生在"晓黑板"投票进行评选;在"晓黑板"统计公布投票结果。教师注意倾听和观察学生的介绍与讲解,加强预设和随机激励与引导。

学生:每个小组在自己的微信群进行集体商量、讨论,最后由组长汇总点评意见,推选一位代表进行 1 分钟总结评价。组长领导有力,每个组执行力都非常强,迅速高效地完成了教师指定的任务;学生根据评价表在"晓黑板"投票区进行投票评选;学生根据评价标准和评选结果进行反思、内化。

意图分析　培养学生进行相互评价和自我评价的能力及素养,促进学生根据评价标准进行自我反思素养的提升,增进学生继续了解徽州特色文化和参与独合结合行走式学习的兴趣;帮助学生进一步发展提升思维的辨析归纳水平。

(六)独立作文

教师:布置短文写作,多媒体出示以下要求:(1)题目:《我眼中的徽州》(诗歌外,文体不限);(2)内容:选择自己印象较深的徽州特色文化的某个方面或多个方面均可;(3)字数:300—800 字;(4)完成和递交时间:课后第二天 22 点前提交到"晓黑板""我眼中的徽州"讨论区;(5)注意:写作时注意参考作文评价标准。

教师在下一节课组织交流与评价,注意加强学生作文过程中的个别在线互动与随机激励;下次课上,注意听取学生交流和评价,注意加强随机激励。

学生:自主运用听、观、记、忆、思方式,准备完成作文。课后进行独立写作,按时完成作文,注意提高写作质量。所有学生都提交了质量较高的小作文,有学生写道:"徽州是我的家乡,以前觉得相比上海大都市它显得落后,可是通过这次徽州之行,我觉得我的家乡也是非常了不起的,身为安徽人我很自豪。"也有学生写下令自己深深感触的"美景、烟雨、茶香、古韵、智慧、诗意,绘成了我眼中的徽州"。下次课上学生参与全班网上交流和评价,并听取教师随机激励与引导。

意图分析　锻炼独立写作与合作交流评价素养,并增进对徽州特色文化的欣赏情感,和对"独合结合"行走式学习的价值认识;锻炼学生结合"独合结合"行走考察徽州特色文化和在线交流情况,根据作文要求,自主定题,选择文体、写作视角和素材进行作文构思,独立写作成文并修改完善的能力;锻炼学生合作交流、评价的能力;进一步增进学生对"独合结合"行走式学习的价值认识。

四、意义揭示

（一）彰显行走式学习在提升学生综合素养方面的独特价值

本课主要让学生经历行走前、行走中、行走后，课前、课中和课后这两个"三程"，实施包括独立学习与合作学习相结合的语文行走式在内的"五式"（"独合结合"行走式、课上合作总结＋课后独自与合作反思式、信息技术整合式、评价激励式、借助学习单式）学习过程，让学生在有梯度的多元化活动设计和身心愉悦的学习体验中，亲身真实实践，任务明确清晰，独自学习主动思考，合作学习互相促进，两个"三程"学习环节步步推进，"五式"学习方法多样可操作，从而逐步增进对徽州特色文化的了解。研学活动给学生提供了一个综合性的语文学习情境[①]，在明确紧凑的学习推进过程中，在丰富适切的学习方法中，大大强化学生语言运用能力、提升思维品质、加强文化理解与传承素养，以及培养提高口语交际、信息搜集处理、多媒体技术等素养。

在整个研学活动中，实践性学习的优势突出。学生要独立完成行前学习单上的部分任务，在后面环节一以贯之的小组合作学习中，学生需要在行走中独立背诵徽州诗文，还要学会在课堂上与他人合作展示；每个小组成员在行走中需要独立拍摄提交对联照片，还要合作制作两个小视频，最后在课堂上合作展示、介绍讲解、总结评价。在这些任务的完成过程中，学生在对联收集中提升了审美鉴赏、文化理解等语文核心素养，在视频讲解和采访中训练了语言运用能力，不仅学习掌握了讲解与采访的基本要求，还在撰写讲稿和采访稿过程中提升了语言运用素养，力求做到讲解语言清晰流利，采访交谈围绕重点问题，探寻不同被采访人的特点和不同地方的民风民俗特色。小组合作让学生们既能扬长避短，同时又积极参与，不甘落后于小组其他成员，所以能够帮助学生以最高涨的热情和最大兴趣投入到行走式学习中，也学会了总结交流、评价反思，在提升综合素养上得到了最大的效果。所以，行走式学习的第三个价值在于它的趣味性，学习内容和学习方式本身存在的趣味性产生了巨大的吸引力，促使学生主动学习，乐于学习。行走式

---

① 王萍.行走中的学习——区域研学旅行项目实践初探[J].现代教学,2017(08)：55-59.

学习中的多元评价带动学生重视学习过程,重视与他人的合作学习,也让学生学会了从自我评价和相互评价中提升自己的反思和修改能力。行走式学习是一种以学习者为中心的学习方式,这改变了以前语文课以教师讲评、学生听记的方式带来的学生被动学习和学习质量不高的状况,使学生在独立与小组合作相结合的行走学习实践过程中,通过一系列的活动锻炼口语交际、语言运用能力,参与到评价对联鉴赏、讲解、采访等相关一系列任务中,获得关于语文综合素养的知识或技能。这一过程,学生通过"独合结合"的亲身体验能够有效地完成;加之信息技术整合式、评价激励式的有机运用,学生能主动参与,全面感受,深刻理解。

(二)体现行走式学习在促进语文学习活动方式和效果变革上的突出优势[①]

1. 行走式学习以体验与实践为主,实现了学生认知和学习活动方式的优化变革。行走式学习通过"行走徽州"这个主题活动,通过"古诗文背诵及展示、对联照片拍摄及展示、讲解视频制作及展示、采访视频制作及展示"四个实践活动,改变了语文学习固有的读读背背、抄抄写写的常见枯燥方式,让学生通过听、说(对话)、看、读、写、多媒体制作多种方式进行学习,学生的认知变得多元丰富,学习成果的展现方式多样化,评价也多样化,引导学生改变僵化不变的学习方式,可以自由选择自己感兴趣或擅长的一种方式学习,使学习方式得到优化,学习效果自然也得到优化。行走式学习作为实践中的学习,注重目标、学习、评价的一体化设计,并且"以终为始",因此多采用融入学习过程中的表现性评价。语文学习的评价不再仅依赖纸笔测验,而是在评价中注重古诗文背诵表演、优秀照片分享、好对联分享、讲解小视频、采访小视频等作品,以及小组讨论、口头汇报总结、朗诵、讲解、采访等行为表现,从而也进一步促进语文学习活动方式的变革。语文行走式学习从原先的教材驱动走向实践任务驱动,以语文综合素养培养为基础,注重课内课外、线上线下的整体思考,注重听说读写整合,注重学生问题解决能力、合作探究能力、创造性思维等的培养。在这样的学习中,学生是主动的、在场的,学习是不唯书本的,是将知识的学习和应用立足于复杂的生活场景,在解决实际任务的过程中建立和既有语文经验的关联,语言、思维、审美等能力在任务解决过程中

---

① 谭轶斌.语文项目学习:实现教与学方式的变革[J].语文学习,2020(1):3-4.

得到提升。这样的学习从以往接受为主的学习转变为体验为主的学习，从而实现学生认知方式的变革。总的说来，语文行走式学习从以往注重用知识结构组织教学内容转变为以任务情境组织教学内容，从注重个人学习转变为小组合作探究学习，从注重学习语文教材上的文章转变为多种学习资源及混合式学习环境的创建，是从内容、人员、环境资源等多个方面实现教学组织方式的变革，从根本上变革了学生的认识和学习活动方式。

2. 行走式学习的真实情境和任务驱动保证了学生学习的主动高效。本课整个教学过程是学生在真实的情境里，由任务驱动不断尝试、实践，不断反思、总结、改进、提升。宏村讲解活动中学生需要提交一个 3 分钟以上的讲解视频，围绕宏村选择一个话题，要求小组成员全部出镜讲解，根据这些素材进行后期剪辑配音配乐，形成最后的视频。这个任务让学生在宏村参观时保持了仔细观察，认真聆听，深入思考的学习状态，最后经过团队头脑风暴，才能保证在宏村这个真实的学习情境中高效分配任务，主动配合完成任务，在现场完成了早期大量原始素材的采集和积累。在上庄采访环节，学生需要提交一个 5 分钟以上的采访视频，可以围绕"留守儿童、徽派建筑、胡适轶事、徽州民风民俗"等主题进行采访。在胡适故居上庄采访的 3 小时内，学生逐步学会寻求合适的采访者、确立合适的采访主题、如何打破采访陌生人的僵局、如何诱导被采访者侃侃而谈，这些都倒逼学生学习基本的采访技巧，学习如何列好采访提纲，了解徽州当地文化以便选取较好的采访主题，掌握采访中口语交际要注意的事项，小组成员如何分工，每个人该承担怎样的任务，整个活动过程紧凑，学生学习的主动性积极性随着活动深入不断高涨。在这过程中学生口语交际能力的培养训练就不仅仅限于简单的语言能力加上语用能力，而是在自然语言环境中自如得体地表达自己的思想和观点，抒发自己情感的一种综合能力的体现，而这种综合性的口语交际能力在与现实真实情境接轨后，过程得到夯实，效果也有实质性的提高。

在真实情境中，新鲜多样的学习环境调动了学生学习的主动性和积极性，学习有了真实必要性，并在现实社会中显现最终效能，也可得到真实、实际的正向反馈和评价，使学生必须重视学习的整个过程，力求展现最好效果。在任务驱动下，学生在整个行走中不断思考，有目的性、有针对性地进行自主学习和小组合作，在明确具体任务目标的指引下，学生参与的积极性高，有强烈的完成任务的意愿，最终基本上都能达成目标。并且,在 3 天行走学习过程中,学生每天针对当天主题任务都有一定的自我总结和小组总结,在实践中针对暴露的问题反思总结提高,从而为更好地完成第二天的任务奠定了基础。

新教材实施学习任务群单元教学,教学注重创建多种学习资源及混合学习环境,创设学习任务,提供思维支架,在一个个学习任务中,在解决问题的过程中,获得可迁移的语文概念性知识的深层次理解,提升语文综合素养,也促进学生自主、合作、深入的学习,让学生自己去发现、去创造,成为善于学习和反思的人。

3. 独合结合行走式学习促使教师转化为教学活动中的反思性实践者。随着新课标的颁布、新教材的实施,一线教师以极大的热情积极探索,促进学生自主、合作、探究学习,实现了以教为主向以学为主的转变。行走式学习的一系列学习任务都与学生的语文活动密切关联,激发了学生学习探究的热情。学生在调动知识储存、选择合适的方法解决问题的过程中积累了语言文字运用的经验,增进了语文能力,提高了语文素养,学生实现了学以致用,教师落实以学为主。这样的变革,也将引导教师更好地树立语文课程意识,提升对语文教学的理解力、设计力和评价力,激发语文课程教学改革的内在热情,养成专业对话和个体反思的习惯,真正成为反思性实践者。从以教为主到以学为主,并非弱化教师的教,相反,学生学力的开发取决于教师的智慧和恒心。教师学力强,学养深,有广阔的精神世界,课堂上知道是否要启发,如何引导,才能用有趣、有深度的问题点燃学生的智慧之灯,这样的课堂,才是活泼的,有生命力的。

(三)显现独合结合方式中,线上线下混合学习融合的新价值

混合学习的价值在于融合。线上线下混合学习的新价值在于以学习者为中心,扩展学习时空,应对不同层次的学习需求,利用线上学习平台可以将不同学习主体的知识作为资源供给有需要的学习者。学习者拥有更多学习空间,也可自由选择更多的学习方式,学习变得灵活便利,易于开展,也容易采取多种学习方式激发不同学习者的兴趣点,收到更好的学习效果。

本次行走式学习行走前有问卷星调查,行走中有师生的微信群、小组群,第一时间就能做到及时分享、及时点评和指导;课堂环节利用了屏幕共享技术,在云课堂中师生们分享到了每一个小组的作品,学生的成果得到了全方位地呈现;课后

的"晓黑板"投票,帮助师生活动更有效展开,最后得到有效反馈,有利于指导后续相关的教学改进和提升;"晓黑板"内的讨论区则让学生尽情展现自己的才华,把自己的所感所思都写入了《我眼中的徽州》一文中,每个学生都能反复浏览阅读,留言点赞,实现了最大程度的交流。恰逢疫情期间,本次课堂利用"云课堂",做到了有效利用网络平台多媒体信息技术便利条件,使线下学习成果在线上得到充分展现,运用平台进行展示和评价更好地指导促进学生的线下学习,做到混合学习,相互融合,互补长短。

（撰稿者：上海市进才实验中学　唐敏）

范型 2-3

应用式学习：生活情境下的数学建模

摘要 真实的生活情境是学习的最佳发生地，数学源于生活的同时又应用于生活。在"义卖活动"这样一个具体而又真实的生活情境下，学生以独立学习与合作学习相结合的方式，将一些义卖活动中的数学问题利用函数建模来优化和解决，由简单到复杂，层层深入，最后设计出一个合理的义卖活动方案。让学生体会到应用式学习的乐趣，进一步激发学习数学、探索生活中的函数的兴趣。

本课改编自八年级下数学的探究活动"生活中的函数"。通过感受数学与现实生活的联系，初步认识事物运动变化的普遍性和相互依赖关系的数学表达方法；在实践应用中逐步积累发现、叙述、总结数学规律的经验，知道一些基本的数学模型，初步形成数学建模能力，能解决一些简单的实际问题。①

将学校义卖活动的五大环节(爆米花、VR 游戏、棉花糖、学霸笔记、魔术环)作为具体情境，给学生设定盈利目标，开展综合实践活动，解决生活中函数的理解与应用的实际问题。利用应用式的学习方法，培养学生的主体意识、综合意识和合作意识，注重让学生学习自行获取数学知识的方法，经历将实际问题进行数学抽象、建模求解和解释的过程，学会自主学习和主动参与数学实践的本领，获得终身受用的数学基础能力和创造才能。

---

① 上海中小学课程改革委员会办公室.上海市中小学数学课程标准[M].上海：上海教育出版社,2011.

一、设计依据

（一）学情分析

八年级的学生已经对函数的有关知识有了一些初步了解，经历了函数概念的形成过程，知道函数的定义域和函数值的意义；熟练掌握正比例函数与反比例函数，了解基本性质，体会数形结合思想；知道函数是刻画实际问题中变量之间相互依赖关系的工具。学生通过两年多的校园活动和课堂学习，能够较好进行独立与合作学习，也有完善的小组竞争机制。

（二）教材分析

本课教材为自编教材，源于上海教育出版社 2019 年八年级数学第一学期，内容是第 18 章探究活动"生活中的函数"。教材的设计意图为引导学生进行数学实践活动，将所学知识用于生产、生活实际，获得过程体验，增强数学应用意识；学习用数学的眼光观察周围世界，体会数学源于实践、服务于实践的辩证观点。

本课的学习材料（代替教材）借由课前、课堂、课后三份学习单来落实学习任务。课前，学生独立搜集资料，了解什么是义卖活动以及义卖活动的形式，合作完成义卖基本方案和义卖海报的设计，旨在通过完成以上独立学习与合作学习的任务，让学生对义卖活动的盈利问题有初步的认识，激发学生的积极性。课堂上，先由师生合作完成"爆米花"问题的正比例函数建模，再由学生独立完成"VR 游戏"问题的反比例函数建模，最后合作完成"棉花糖""学霸笔记""魔术环"三个较为复杂问题的函数建模并进行小组交流，拟提供充分的具体事例，引导学生进行分析和讨论，在解决问题的过程中，加深对函数知识的理解，领会函数建模的思想和方法。小组合作小结并完成评价单，增强学生独立学习与合作学习的意识。课后，独立完善课堂上的问题，完成评价单，合作修改原有的义卖方案，出一道关于盈利函数建模的应用题，进一步增强学生的数学应用能力。

1. 能通过搜集、查阅、分析义卖活动的相关资料,尝试编写与盈利有关的应用题,提高数学的应用意识。

2. 掌握盈利问题中的基本函数关系,体会分析问题的方法,找出自变量和应变量之间的内在联系;经历建立函数关系的过程,体验函数是描述事物运动变化规律的工具。

3. 通过课后活动,养成大胆质疑、敢于表达自己观点和倾听同学间交流的良好行为习惯,进一步获得数学活动经验。

将课前、课堂、课后相结合,引导学生将独立学习与合作学习相结合,小组内展开对于"义卖活动"方案的设计。在解决实际问题过程中,通过真实问题情境,把函数问题转化为方程问题。

课前,能够在老师的指导下完成分组,每 5 人为 1 组,共 6 组,学生通过网络、问卷等手段搜集关于义卖的相关资料,以小组为单位初步梳理搜集的相关资料,大部分学生能结合生活实际编写简单的应用题。课堂上,学生分为 6 个小组,在独立或合作应用式学习下,完成数学建模活动,选取小组代表进行建模展示,通过小组间的比较,引导学生如何选择更为合适的活动方案。课后,学生独立对课前小组设计的应用题进行函数建模,进而优化义卖活动方案,鼓励有兴趣的学生提出新的活动内容,并求出最大盈利。小组长组织组员对课堂小结环节时老师提出的几个问题再次进行反思与小结,并完成小组内的自评与互评。

(一) 创设情境

教师:设定游戏,以小组为单位互相竞争,黑板上设置计分游戏。介绍义卖情境,学校准备周五下午举办义卖活动,全校有 16 个班级,共计 600 名学生。初二(3)班的同学们想要通过在教室里设置 5 个区域,一起完成每个区域盈利 200 元,共计盈利 1 000 元的小目标。如果你是设计师,将如何来帮助他们? 第一个区域用于售卖爆米花,同学们买了一箱微波炉爆米花,一箱有 20 大包,一大包的微波炉爆米花为 100 g,打算以 20 g 一小袋进行售卖,且供不应求。要求写出每小包定价 x 元和营业额 y 元之间的函数解析式。假设一箱爆米花和包装共用去 50 元,如果想要实现盈利 200 元小目标,每一小包的定价至少为多少元?

学生:以小组为单位积极参与游戏。独立思考、审题,通过售卖爆米花的问题,建立正比例函数模型。对积极参与回答的同学,给其小组记上分数。

意图 创设义卖活动的情境,激发学生在一系列的问题中理清单价、数量与总价的数量关系,以及对建立售卖问题数学模型的兴趣,掌握把函数问题转化为方程应用问题的步骤和关键。初步学会运用正比例函数的思想方法解决简单的实际问题,在解决实际问题过程中,把函数问题转化为方程问题,掌握应用题的解题步骤。

(二) 应用式学习

教师:引导学生根据 4 种不同情况的售卖活动,独立或合作完成函数的建模。第二个区域用于电子游戏,有位同学从家里带来了 VR 体验的游戏机,打算每一局游戏体验收费 5 元,整场活动时间为 4 小时。提问学生:什么因素会影响最终的收入? 引出问题:为了能达成 200 元的盈利目标,一局游戏的时长定为几分钟?

学生:独立思考,得出每一局游戏时间越短,越有利于达成最终目标的结论,以此建立反比函数模型。一位学生示范,其他学生聆听和思考。积极参与回答的学生,给其小组记上分数。

教师:第三个区域用于制作棉花糖,为了购买棉花糖机与白砂糖,提前投入了 120 元成本,每一勺糖制作一次棉花糖需要耗时 3 分钟,假设 4 小时内白砂糖充足够用。提问学生,是哪个因素在影响最后的收益,应该如何去实现目标?

学生:小组讨论后得出结论,影响最终收益的是每一串棉花糖的定价,同时也要考虑到棉花糖机的成本,最终得出了一次函数的模型。积极参与回答的学生,给其小组的记上分数。

教师:班级学习成绩第一的同学打算出售她的学霸笔记作为此次活动的第四个区域,她找到两家打印店进行比价。实体打印店制作一本笔记成本为 10 元,网上打印店制作一本笔记成本为 9.5 元,但是需要 10 元邮费。由于无法预估笔记的销售量,她打算预售她的笔记,根据实际预定人数来选择店家。提问学生,如果定价为 18 元一本,如何来帮助这位学霸同学完成目标?引导学生根据不同情况列出分段函数。

学生:小组成员分工合作,计算两种情况下的收益并进行比对,感受分类讨论的数学思想,由小组代表发言,列出分段函数的基本模型。积极参与回答的学生,给其小组记上分数。

教师:现场表演魔术吸引学生并介绍最后一个区域。一个魔术环成本为 1 元,如果售价为 6 元,会有 40 人购买。经过调查发现,魔术环在定价时每降低 1 元,就会多 20 人愿意购买,引导学生完成二次函数的建模及最大值的讨论。

学生:组内讨论用枚举、函数建模或其他方法来解决问题,各小组代表都说说各自的想法,取长补短并总结方法。初步感受二次函数的对称性及取最值的方法。每小组都记上分数。

意图 课堂组织 4 次应用式学习,学生积极参与实际售卖相关的函数问题活动,培养学生利用数学原理解决实际问题的能力与兴趣;培养学生梳理、简化问题的能力;培养审题、建模、解方程的规范和严谨的思维品质。组织各小组成员之间选择不同方案进行对比、合作交流、勇敢探索,培养小组内部成员分工合作、对比数据、敢于尝试优化设计方案并作交流展示的能力和对难点坚持不懈开拓进取的精神。

(三) 小结互评

教师:用多媒体展示小结要求,组织学生以小组为单位从学习的内容,学习的方法,参学态度,自己、本组、其他小组参与综合实践活动方式的情况和体会等方面,用简明扼要的方式进行独立与合作小结。教师组织交流、评议,注意倾听和随机激励与引导。

学生:尝试独立概括小结,参与和听取小组成员间的交流、评议,对本课内容进行梳理、归纳与内化。

意图 培养学生归纳总结和自我表达的能力,提高聆听他人意见、相互合作的意识。

（四）课外完善

教师：借助多媒体，布置完成以下作业。理一理，结合今天课堂所学的知识，对之前小组合作所出的义卖方案进行合理的优化，下次课上组织交流反馈。挖一挖，请同学们出出主意，还有没有别的义卖方式？尝试去实现一个更大的目标。下次课上反馈时，注意倾听和随机激励与引导。

学生：独立完成作业后，小组成员间讨论各成员的新见解和修改后的方案，优化方案，参与下次课上交流。

意图　培养学生课后自主及时复习、完成作业的良好习惯和课后反思重建的意识与能力；继续培养小组合作探究式学习的收集处理与交流信息的能力；增进小组成员的合作学习意识。

四、意义揭示

通过本次应用式学习，学生收获了很多如何将数学应用于生活的经验，对知识点和模型的构建目标基本达成，取得了较好的课堂效果，主要原因如下。

（一）符合目标结构理论

多伊奇（M.Deutsch）的目标结构理论认为，一个团体在达到目标的过程中，由于对个体达到目的的奖励方式不同，个体之间的相互作用方式也不同，主要分为三种方式：相互对抗方式，相互独立方式，相互促进方式。

本节课尝试由传统的相互独立方式转化为相互独立方式与相互促进方式相结合，也就是培养学生独立学习与合作学习的学习素养。教师在黑板的相应区域设计积分榜，该教学设计调动了学生的学习主动性和积极性。教师在实际授课中发现：区别于传统的相互独立方式的学习方式，小组内的成员被真正地调动起来，小组成员之间会主动相互帮助，对同组同伴所展示的成果以及提出的意见给出积极的肯定。小组中成绩水平较低的成员基于小组的共同目标也积极参与了小组学习，而小组中成绩水平较好的成员也通过帮助其他成员学习的过程，成为了小组的"领导阶层"，这一过程使得他们更加自豪也更有自信，进而为实现个人目标作出努力。很显然，这种良好的同伴关系对学生的学习产生了积极的影响。

（二）符合建构主义学习理论

建构主义学习理论的核心为：以学生为中心，强调学生对知识的主动探索，主动发现以及对所学知识意义的主动建构。[①] 建构主义学习理论认为"情境"的创设为学习的一大要素，所以"情境"对教学设计提出了新的要求，教学设计不仅要考虑教学目标，还要考虑有利于学生建构知识意义的情境的创设问题。[②]

然而初中学段，学生对于函数问题的认知受限于大量练习题的影响，大多停留在平面直角坐标系下的函数问题，忽略了函数问题其实在生活中也是随处可见的，以义卖活动为情境，紧贴"生活中的函数"这一主题，意图让学生主动探索函数对生活的影响。"爆米花"情境展现生活中的正比例函数问题、"VR 体验"情境展现生活中的反比例函数问题、"棉花糖机"情境展现生活中的一次函数问题、"学霸笔记"情境则是要求对函数进行分类讨论、"魔术环"情境展现生活中的二次函数问题。由易到难，由熟悉到探究，层层深入，步步激发。学生在课后又自由发挥完善各自的义卖方案，这样的情境创设较之传统课堂较大激发了学生学习兴趣。让学生主动参与实践，在学会数学基础知识的同时，感受到自主学习与自由创新的快乐。

（撰稿者：上海市历城中学　周晓青）

---

① 莱斯利·P·斯特弗,杰里·盖尔.教育中的建构主义[M].上海:华东师范大学出版社,2002:11.
② 樊彩霞,姬建锋.学习的基本理论[M]西安:陕西科学技术出版社,2010:7-11.

第三章

情景学习：感受学用结合

在探究式学习中，教师通过一个数学问题的拓展研究，加深学生对问题背后共性规律的认识与运用；在体验式学习中，以"感性"和"理性"两条线索构建理想课堂，引导学生调动生活经验和知识储备，进行抒写和表达。在探究式学习中，打破数学概念的抽象与概括，通过具体的事例和问题，让学生体验思考、自主探究。

范型 3-1

探究式学习：探求共性规律　解决实际问题

摘要　探究式学习是新一轮基础教育课程改革关注的热点，也是基础教育新课程标准提倡的教学方式之一，过去以教师为中心的传授知识技能的方式已不能满足探究式学习的需要。现以学生为本的数学课堂为例，倡导学生个体独立学习和小组合作学习的有机统一，基于共同目标而相互探究，创设了宽松的教学氛围，提供了学生之间信息互动与交流的平台，实现共同进步、提高课堂实效的目的。

数学几何学习在初中阶段的主要内容之一就是倡导学习的探究性、自主性和合作性，初中生初步学会能提出自己的独立见解，并能与他人进行交流、沟通和合作，同时初步掌握"从特殊到一般"以及"化归"等策略，逐步形成数学探究能力、应用能力和创新能力。因此，本课在课前、课中与课后三阶段，以独立学习与合作学习相结合的探究式学习方式，进行对平行线被折线所截问题的拓展研究，以加深加强学生对问题背后共性规律的认识与运用，提高数学拓展课实效。

一、设计依据

（一）学情分析

初一学生在之前的学习中，已经掌握了平行线性质的应用，对平行线被折线所截问题有一些初步了解，是有一定知识基础的，但是数学表达能力、逻辑推理能力、思维能力仍较为一般。

在平时的数学学习中,学生经历过独立学习与合作学习相结合的学习方式,对教与学中运用信息技术整合实施式、随机激励式都比较熟悉,对数学性质探究式学习十分好奇与期待。但对于在课前、课堂、课后学习的全过程中,独立与合作学习有机整合,完成数学性质探究式等多元方式,开展数学拓展课学习的完整经历还很少,使用独立与合作学习相结合的方法培养自身数学素养的能力也有待提高。

因此,本课通过独立与合作学习相结合的数学性质探究式等多元方式,在课前、课中与课后,进行对平行线被折线所截问题的拓展研究,以加深学生对平行线被折线所截问题的共性规律的认识与运用,从而提高数学拓展课实效。

(二)教材分析

本课内容是上海教育出版社七年级数学第二学期第十三章的章后探究活动内容。本节课基本建立在教材基础上,教材提出并建议对平行线被折线所截问题中的两类图形变换作拓展研究,本节课也选择只研究这两类图形变换。但基于学情分析,学生在之前已经学习并掌握了这两类图形最简单情况下的结论,本课将这两类图形在最简单情况下的结论及其证明,布置为预习任务。

本节课的课堂内容分为两个层次的研究:第一层次是从预习任务中的简单图形出发,探究更一般情况下的结论,用从特殊到一般的研究方法,研究规律问题中的共性特点;第二层次是应用前面所得结论和共性规律,解决数学实际问题和学生自主编制提出的问题。本节课拟让学生在基于独立与合作学习相结合,性质探究体验上述层次的过程中,学习并巩固对平行线被折线所截问题的共性规律的认识与运用,掌握解决问题的方法,提高数学拓展课的实效,增强学生学习数学的兴趣和信心。

二、教学目标

(一)数学性质探究式学用意识方面

96%左右的学生能够通过体验独立与合作学习相结合的预习、课堂、总结的完整探究式学习过程,来了解数学探究式学习的价值;70%左右的学生对学习内容有主动求知欲望,以及尝试将已有相关知识,即平行线被折线所截的两类基础图形,运用于实践的意识。了解数学探究式学习的价值,认同在以后学习中运用独立与合作学习相结合的方式,解决类似从特殊到一般的数学拓展内容的意义。

(二)数学性质探究式学习能力

1. 运算求解能力:90%左右的学生,能运用基本的添平行线方法或者新学的两个模型结论来解决问题,计算求出相应角的度数。

2. 推理论证能力:60%左右的学生,能够基于独立与合作学习相结合的方式,进行数学拓展课学习,研究从特殊到一般的规律,从简单问题到复杂问题,不断推理得出数学问题背后的类似规律。

3. 数学建模能力:锻炼学生独立观察、思考、总结的能力,进一步掌握平行线性质,通过建立模型,感受平行线被折线所截这一类问题背后的规律。50%左右的学生能在学习例题与自主出题时,形成用本节课所学知识来解决问题的意识。

(三)数学良好学习行为习惯

70%左右的学生通过独立与合作学习相结合的方式完成了平行线被折线所截问题的结论探究与运用过程,能够在今后的课程中,养成独立思考、承担合作责任的行为习惯。25%左右的学生,愿意主动保持课前预习习惯、课后总结反思习惯,能够在后续的课程中,显现主动探索数学问题的可能性。培养学生独立思考、倾听同学交流、敢于表达自己观点的良好行为习惯。

三、实践过程

(一)课堂引入

学生:各小组派一名学生代表以多媒体形式展示对课本中"平行线被一条'Z型'或'C型'折线所截问题"的预习成果,其他学生认真倾听、观察、思考问题。

教师:认真倾听,及时进行纠正和完善;分享结束后,教师组织学生对比各小组预习成果,进行学生评价,最后教师评价总结。其间,教师随机表扬预习有进步、速度快、质量高的学生,同时随机表扬评价中肯的学生。

设计意图 通过组织合作反馈预习情况,以培养良好的自主预习习惯,锻炼自主梳理、归纳已学旧知识的能力。

(二)新授知识

教师:基于学生预习内容,进一步以多媒体形式提出新的问题:"平行线被多条'Z型'或'C型'折线所截问题的一般情况下,各自有什么共性规律?"

学生:先独立思考问题,再参与现场交流。

教师:引导学生总结归纳结论,即"平行线被多条'Z型'折线所截问题"下的规律是"所有方向朝左的角的度数之和等于所有方向朝右的角的度数之和",及"平行线被多条'C型'折线所截问题"下的规律是"所有同方向的角度之和相当于共有几对同旁内角(180°)之和"。

设计意图 组织学生通过自主阅读、观察、推理探究体验等方式将课前预习问题推广出更一般情况,再进行合作,归纳出相应结论,以体会从特殊到一般的研究方法,加深对平行线被折线所截问题中共性规律的理解。

(三)应用新知识

教师:通过多媒体展示例题。

学生:先自主思考,应用之前所学知识尝试解决问题,再合作交流不同解法。
方法一:可以用旧知识"平行线性质"的方法通过过折点添加平行线来解决问题;
方法二:可以直接利用本课前面教学环节中得到的两种情况的共性规律解决问题。

教师:组织学生通过对比、观察、思考探究体验不同解法的异同,作出评价。比如,方法一的优点是通式通法,适用范围较广,受问题局限性较少,但缺点是思维过程较复杂,处理问题速度较慢;而方法二的优点是直接利用前面所学所得的规律,快速解决问题,而缺点就是适用范围较少,需要满足折线形状的要求。

设计意图 以独立学习与合作学习相结合的方式,应用所学知识解决问题,并对比异同作出评价,以提升分析问题、解决问题的能力,加强对平行线被折线所截问题的共性规律的运用能力,培养一题多解的学习能力。

（四）游戏活动：自主命题合作解答

教师：先以多媒体形式阐述游戏规则，同时加以配图、纲要式关键词和解释性语句进一步示范和解释自主命题时的注意点和要求。

学生：先独立思考，以书面形式尝试提出一个符合要求的命题，并尝试独立分析解答。其间教师巡视，不断观察学生的生成，及时以同屏软件实时共享案例，指出好的作品或错误之处。

教师：组织小组内合作学习，组内分享命题，尝试合作利用旧知识和新知识来解答问题。

学生：合作交流，思考，对比，回忆新旧知识，尝试分析，尝试解决。其间教师巡视，认真倾听，随机激励和引导。

教师：组织各小组派代表上台分享组内的命题和相应解答。

设计意图　通过自主命题合作解答的游戏活动，学生体验动手操作提出问题，观察分析问题，独立思考之后合作讨论分析解答，进一步加强对"平行线同时被多条'Z型'和'C型'折线所截问题"的共性规律的运用能力，以培养创新意识。

（五）课堂总结

教师：利用课堂学习单、多媒体，同时展示课堂总结的引导内容，以表格式、纲要式关键词提示、思维导图式体现；教师口头说明要求，引导学生参与梳理、归纳总结所经历的过程、所学的具体内容、数学学习方法以及个性化体会。

学生：先独立小结，再合作交流分享。

设计意图　通过带有多形式提示的总结引导内容，循序渐进地培养学生对所经历的过程、所学的具体内容、数学学习方法以及个性化体会这四块进行总结，以锻炼学生自主梳理、归纳已学内容的能力，多形式体验课堂总结的过程与意义。

（六）主要成效

1. 意识方面：100％的学生能够基于独立与合作学习相结合的方式，通过课前预习、课堂学习、课后总结的完整探究式学习过程，来了解数学探究式学习的价值；95.12％的学生增强了认识平行线概念预复习、多媒体信息技术价值的意识，有了主动提升这些素养的意愿；71.23％左右的学生对学习内容有主动求知欲望，尝试将已有相关知识,即"平行线被多条'Z型'折线所截问题"和"平行线被多条'C型'折线所截问题"的两类基础模型的共性规律,运用于实践。树立了解数学探究式学习的价值观,认同在以后学习中运用独立与合作学习相结合的方式,解决类似从特殊到一般的数学拓展内容的意义。

2. 能力方面:95.12%的学生运算求解力得到了提高,能运用"平行线被多条'Z型'折线所截问题"和"平行线被多条'C型'折线所截问题"的两个模型的结论来解决问题,计算求出相应角的度数;65.25%的学生推理论证能力得到了提高,能够基于独立与合作相结合的学习,进行数学拓展课学习,研究从特殊到一般的规律,解决从简单到复杂的问题,不断推理得出数学问题背后的类似规律;学生通过提升数学建模能力,锻炼了独立观察、思考、总结的能力,进一步掌握平行线性质,通过建立模型,感受一类平行线被折线所截问题背后的规律;51.22%的学生能在学习例题与自主出题时,利用本节课所学知识来解决问题。

(七)良好行为方面

80.49%的学生能够用符号语言概括总结平行线被折线所截问题的两个基础结论;75.61%的学生培养了用更多元思考角度解决同一个问题的解题思路和数学思想;51.22%的学生能够将已有已知的数学知识,通过转化思想去解决新的问题,在一定程度上增强了数学学科的自信。

四、意义揭示

(一)彰显了数学探究式学习在提升学生独立与合作学习相结合的探究式学习"三素养"方面的价值

1. 互补性。例如,在课堂探究式学习活动五中,各组成员要先根据游戏规则,独立思考并提出不同形式的平行线被多条折线所截的问题,学生提出的问题形式各有不同,背后的解决思路和方法也不同,组内互相分享,集体思考并解决问题,既让组内每个成员都能独立思考自己所提出的一道问题,又让同组的成员互相学习,组内分享不同的解题思路。这使得学生既能深入思考并应用自己擅长的、习惯的解题方法,又能全面学习平行线被折线所截问题背后的多种方法,丰富了对同一道题目的解题方法,拓宽了思路,提高了对继续独立思考、合作讨论的学习形式的兴趣。

2. 直观高效性。贯穿于课前、课堂、课后三个阶段的多元探究式的各个学习活动中,师生始终借助信息技术,开展独立与合作相结合的学习任务,特别是借助surface平板电脑、触控笔、几何画板软件,让图片、批注、修改,实时展示在所有师生面前,使得呈现的信息变得更为丰富、便捷、立体和随机。比如,教师借助信息技术,让学生的随机生成能够自由并实时地呈现在屏幕上,同时学生也借助信息技术,将自己小组的问题解答思路和方法,具体又实时地同步向其他学生展示,这不仅让学生对抽象的数学问题有了更直观的视觉印象,而且大大地提高了课堂效率。

3. 系统性。一是"三程"设计的系统性。贯穿于课前、课中、课后"三程"展开的教学设计,将复习旧知、预习新知、探究新知、将新知复习内化为旧知,系统地整合起来。这样看似常规的"三程"教学设计,事实上注重了知识系统的建立和认知系统的建立,培养学生有序思考的习惯和逻辑思维的能力。例如,在课前设计中要求学生复习平行线被直线所截的问题,在课堂设计中引导学生先探究了"平行线被一条'Z型'或'C型'折线所截的问题",再进一步探究了"平行线被多条'Z型'或'C型'折线所截的问题",最后进一步探究了更为复杂的"平行线同时被多条'Z型'或'C型'折线所截的问题",在课后设计中安排学生进一步自主探究"平行线被其他形式的折线所截的问题"。这样的"三程"教学设计中,教师为学生知识系统的建立创设条件,不仅在课前、课中、课后将一系列平行线被折线所截问题系统地串联起来,更是将系列问题的知识系统建立了起来,极大地有利于学生课后甚至成年以后对数学问题的进一步探究,还有利于学生思维能力的发展,使学生意识到每一个数学知识都从属于一个知识系统,引导学生把新旧知识联系起来,为课后自主探索提供了科学的推理方法,培养学生探究兴趣。二是探究流程的系统性。在课堂内设计的探究流程中,通过多次独立学习与合作学习相结合的探究式学习活动,系统化地建立了学习过程。例如,在"自主命题合作解答"这个探究式学习活动中,学生先要读懂游戏规则,思考提出符合要求的问题,再带着自己的问题组内讨论解决,在小组合作尝试解决问题的过程中应用知识解决问题,再抽象、概括出新的数学规律,事实上这一数学学习活动就是要让学生经历由初步感知,到建立数学模型,进而解释应用的过程,从而培养学生有序思维、科学推理的品质。三是例题设计的系统性。本课主要解决平行线被折线所截问题,对于例题的选取遵循从特殊到一般的研究规律,系统地从简单的"平行线被一条折线所截问题"的研究,到更为复杂的"平行线被多条折线所截问题"的研究。同时还考虑到例题能为后续的探究学习活动提供典型性和代表性的方法指导,激发学生学习兴趣的同时,又有数学的转化思想深入渗透。四是课堂小结与课后小结相结合的系统性。课后小结是对课堂小结时间不足的弥补,为了能使两者有机系统地相结合,教师提出一系列问题串,引导学生进行独立和合作的小结,帮助学生的小结不局限于"学了哪些内容"这一知识层面,而是进一步挖掘知识背后的数学学习方法,数学问题的研究流程和有序的思维过程。这样的课后小结既弥补了课堂小结的时间不足,又拓宽了小结的深度和广度,让小结不再流于形式,而是实实在在地和数学学习内容、研究方法、思维过程系统地结合在一起,成为整节课密不可分的一部分。

4. 实效性。学生经历独立与合作学习相结合的多元探究式学习提升了数学拓展课的实效,很好地达成了数学学科本体和课题研究主题的相关学生独立与合作学习相结合的探究式学习素养发展目标及预设的"三维"目标。这说明:本课的整体实效明显,这既与上述"三性"有关,也与整合实施"三程"独立与合作学习相结合的数学探究式学习的多元举措有关。

(二)体现了"三程"探究式学习活动的设置符合目标设置理论

本课涉及的"三程"(课前、课堂和课后)的各环节是符合美国管理学家洛克和休斯顿等提出的"目标设置理论"的。

一是在新课引入时,就先从最基本最简单的图形模型"平行线被一条折线所截问题"入手,让学生感受到这一问题是可被研究的,是有规律可发现的。二是各个探究式学习活动的难度是循序渐进的,比如先探究了"平行线被一条折线所截问题",再到更为复杂的"平行线被多条折线所截问题"。三是各个探究式学习活动的目标是明确的,比如,在一开始的学习活动中,只研究"平行线被一条折线所截问题",旨在帮助学生了解基本模型的规律,帮助学生发现从特殊到更一般的规律情况,又比如,最后的"自主命题合作解答"这个游戏环节,目的就是提升学生的创造能力和应用能力。

因此,本课学生的"三程"独立与合作学习相结合的探究式学习"三素养"和教学"三维"目标设计、具体过程中各项学习任务目标的设计,是基于很好地分析了学生的学情的,班级整体目标与学生个体的目标,是相协调的;设计的"三程"独立与合作学习相结合的相应探究式学习任务,难度是渐进性提升的;当学生独立学习有困难时,是在组内合作、全班分享、相互取长补短中逐步得到解决的;再加及时听取教师多形式的随机激励与引导,有难度的学习目标,同样也是可以被接受的。实践结果也表明,学生"三程"独立与合作学习相结合的探究式学习"三素养"得到了切实的提升,对"平行线被折线所截问题"这一拓展课内容的学习也是较为轻松愉悦的。

（撰稿者：上海市进才实验中学　唐是位）

范型 3-2

体验式学习：理想课堂的感性和理性

摘要 理想的课堂始终存在着"感性"和"理性"两条线索,是在感性与理性这两条线索的耦合下完成的。乐于体验是"感性",抒写表达是"理性"。课堂教学在有梯度的活动设计和身心愉悦的学习体验中,调动学习者已有的生活经验和知识储备,使其逐步把握学习要求,提升提炼、归纳和评价能力。

以课前、课堂、课后"三程"相结合实施基于独立学习与合作学习相结合的语文体验式学习,展示学生习作和课文范例,开展个人、组内、全班等多元的评价交流,创设自我改进和互启互发、互动互助的学习体验情境,这是课堂上的"感性"线索;在有梯度的活动设计和身心愉悦的学习体验中,调动学习者已有的生活经验和知识储备,使其逐步把握学习要求:了解详略的特点,认识详略的价值,主动运用详略方法,能选取符合中心的材料安排详略,初步掌握动态过程放慢写和静态场景分解写的方法,从而提升提炼、归纳和评价能力,这是课堂上的"理性"线索。课堂教学中,"感性"和"理性"交织融合,学生思考、交流、书写等活动贯穿始终,整堂课丰富饱满。

一、设计依据

(一)学情分析

初二学生能根据文题明确表达自己的见闻、体验和想法,写一篇 600 字以上的作文。体现在写作详略方面,习作常有详略失当问题,该详写的不突出,该略写的着墨过多,导致头重脚轻,重点不突出,谋篇布局有待改进。作文指导课内外,班级常常开展学生自我修改、小组评价完善作文的学习方式,学生的独立学习和合作学习相结合的语文学习经历较为丰富。

基于以上学情,确定本课以课前、课堂、课后"三程"相结合实施基于独立学习与合作学习相结合的体验式学习,来锻炼、提升学生的写作详略素养。课前布置学生独立完成一篇以校园生活为题材的习作;课上以教师引导下的学生独立学习和合作学习相结合的情境、阅读和实践体验式学习为主,结合合作评价式、信息技术整合式与随机激励式学习方式,学习、体会写作详略的方法,激励合作评价和自主修改课前习作;课后小组合作继续进行习作修改的评价并自主完善作文,以增强认识详略价值的意识和主动运用详略的意识,了解详略的特点,能调动自己已有的生活经验、知识积累,选取符合中心的材料安排详略,初步掌握作文详略写法的谋篇布局和动态的过程放慢写、静态的场景分解写的具体方法,提升写作详略素养,培养合作赏析、评价素养和完善习作的探究意识。

(二) 教材分析

本课选用的课例片段选自上海教育出版社出版的九年义务教育课本语文七年级第一学期《社戏》和第二学期《背影》。该版没有统一写作指导教材,在实践操作中,主要是教师自主探索如何在课堂特定的环境和有限的时间内,将作文教学过程具体化,给学生提供切实的帮助。

本次作文要求:请在两年多的初中校园生活中,选取自己深有感触的一件事或几件事来写——可以是触及心灵的人或事,可以是留下深刻记忆的活动……文题自拟;字数不少于600字。文题体现上海中考命题的特点:紧扣初中生生活实际,让每一位学生都有话可说、有情可抒、有感可发、有理可议。引导学生以我手写我心,叙我事抒我情,在写作过程中激发心灵的正能量,抒写自己对集体、对师长、对同伴的情感。

二、教学目标

1. 了解详略的特点,认识详略的价值,主动运用详略方法,能选取符合中心的材料安排详略。

2. 能调动生活经验和知识积累,初步掌握动态过程放慢写和静态场景分解写的方法。

本课开展体验式学习,课堂教学是在感性与理性这两条线索的耦合下完成的。展示学生习作和课文范例,开展个人、组内、全班等多元的评价交流,创设自我改进和互启互发、互动互助的学习体验情境,这是课堂上的"感性"线索;在充分调动学习者已有的生活经验和知识储备之后,用分项训练为学生搭建学习的台阶,让学生在能够做且愿意做的一系列活动中逐步把握学习要求,能选取符合中心的材料安排详略,初步掌握动态过程放慢写和静态场景分解写的方法,这是课堂上的"理性"线索。课堂容量大,内容充分完整,"感性"和"理性"交织融合,学生思考、交流、书写等活动贯穿始终,整堂课丰富饱满。

(一)情境体验,唤醒往昔校园生活记忆

教师:播放本校学生改编歌曲音乐短片《进实带不走的你》。

学生:听歌,看音乐短片。

意图 唤醒学生往昔校园生活体验,丰富写作详略取材体验。

(二)体验式学习一——以课为例明要求

教师:先明确这堂课的学习重点:叙事要详略得当。再提出问题:什么内容要详写?什么内容要略写?学生回答后明确两者概念,重点提醒围绕写作中心安排详略,做到疏密有致,突出文章的重点。继而出示课件,以课为例,评析、总结详略原则:凡是与中心关系密切,能深刻、生动地突出中心的,就是重点材料,应该详写;与中心相关但联系不紧密的内容,应略写。

学生:了解这堂课的学习重点。思考详写和略写的差别。阅读课件,回顾课文范例中的详略处理,明确详略处理原则。

意图 评析、总结详略原则,学生在教师引导下进行独立阅读体验式学习,了

解详略的特点,强化"围绕写作中心安排详略"的意识。

（三）体验式学习二——以读带写学一学

教师:

（1）出示课件朱自清《背影》父亲买橘片段,要求学生齐读,提问:作者如何详写买橘的背影? 哪一个动作让你感动? 倾听学生发言,适时引导激励。

总结:动态的过程放慢写。多用细节描写,把过程拉长,把内容写实,把感情写细。

（2）出示课件鲁迅《社戏》月夜出航片段,要求学生齐读,提问:作者通过哪些方法多角度展现月夜之美? 倾听学生发言,适时引导激励。

总结:静态的场景分解写。围绕一点,多角度多层次立体化描写。

（3）播放学生参加十月歌会比赛的一分钟视频。请学生四人小组讨论:有哪些内容可展开详写? 教师巡走,个别指导。适时激励与引导。请小组代表发言。适时评价。

学生:

（1）齐读。听、思,参与发言。理解:作者用九个连续的动词展现买橘的过程,把动作放慢拉长,表现父亲爬月台的过程艰难,让"我"情不自禁地流下泪来,从而表现父爱的深沉、细腻。

（2）个别朗读。听、思,参与发言。理解:作者要表现月夜之美,调动多种感官,由远及近地展开描写,有嗅觉、听觉、视觉,有动态有静态,有情有景,多角度立体化地呈现月夜之美,表现"我"对于看社戏的急切兴奋期待之情。

（3）四人小组合作讨论,全班交流。

意图　总结名家详写方法,播放十月歌会视频,小组讨论详写方法,培养学生在自主阅读体验、合作讨论体验、听取总结归纳中,融会贯通掌握详写的方法,强化学生合作梳理、提炼、归纳的能力。

（四）体验式学习三——共享交流说一说

教师:出示课件学生习作。请小作者朗读,其他学生思考:本文是否做到了详略得当? 你对本文的详略处理有何建议? 请同学点评。

学生：小作者朗读自己的作品。其他学生听、思，参与讨论。

意图 以学生习作为例，全班交流评价，深化作文详略的概念，内化方法与感受，锻炼学生合作评价能力。

（五）体验式学习四——妙笔生花改一改

教师：要求学生自主修改自己的习作。学生当堂修改之后，展示修改稿，请学生点评其改进之处。适时激励与引导。

学生：自主修改习作十分钟。参照两点修改提示：（1）围绕写作中心确定详略。（2）选择一个片段详写。要求：动态的过程放慢写，多用细节描写；静态的场景分解写，多角度多层次立体化描写。修改完毕，参与点评。

意图 学生修改习作，分享修改成果，强化自主修改作文能力，锻炼合作评价能力。

（六）课堂小结

教师总结本课要点：（1）围绕写作中心确定详略。（2）详写方法：动态的过程放慢写，多用细节描写；静态的场景分解写，多角度多层次立体化描写。

（七）布置作业

四人小组为单位，围绕作文详略展开互评，完成评价表。继而学生自主修改完善习作。

成果体现：全班作文集结成册《进才实验中学——我们的舞台》，优秀作文投稿校刊。

意图 锻炼学生小组合作鉴赏、评价作文详略、提出修改建议能力，增进写作能力；锻炼每位学生独立判断、合理吸收同伴建议、完善作文详略修改的能力，增进改进意识；激发写作兴趣，增强写作成就感。

四、意义揭示

第斯多惠提出："教学艺术的本质不在于传授，而在于激励、唤醒、鼓舞。"本课始终存在着两条主线：一条主线是"感性"，另一条主线是"理性"。乐于体验是"感性"，抒写表达是"理性"。本课是在感性与理性两条主线的相互作用和融合下完成的。从布置文题开始的头脑风暴，课上看校园音乐短片，赏析名家例文，看歌会视频——对于歌会视频展开详写方法的讨论……是以学生"感性"的多元体验出发组织和开展教学；课上的写作方法提炼总结，课上及课后对于习作片段的自我完善，较好地帮助学生实现了"理性"的写作详略方法探究。

（一）体验式学习的自主性价值

本课主要让学生经历课前、课中和课后"三程"结合，实施基于独立学习与合作学习相结合的语文多样化的体验式学习过程，学生在有梯度的活动设计和身心愉悦的学习体验中，调动已有的生活经验和知识储备，逐步把握写作详略要求，强化学生合作提炼、归纳、评价能力和自主修改作文的能力。——这是由于体验式学习是一种以学习者为中心的学习方式。这改变了以前作文讲评课以教师讲评、学生听记为主的方式造成的学生被动学习和学习质量不高的状况，使学生在独立学习与小组合作相结合的，基于学校情境的视频观察、学习课文写作详略的，参与评价与修改习作的多元化的体验式写作、观察、阅读、评价、习作修改的实践中，获得关于写作详略的知识或技能。这一过程是学生通过独立学习与合作学习相结合的体验完成的，学生主动参与，全面感受，深刻理解，凸显了学生在学习中的主体地位。

（二）体验式学习的分项性价值

体验式学习，着力唤醒学生真实的生活体验，分解写作活动，设计有梯度的分项训练，为学生提供具体可感的情境体验，落实具体的写作过程指导。它的分项性价值体现如下。

生活性。本课写作内容是回忆自己的初中校园生活，选取自己深有感触的一件事或几件事来写，写作内容立足于学生真实的生活体验，引导学生在生活中体验，在体验中感悟，在感悟中记录，唤醒学生的生活体验，为学生写作引入源泉。

渗透性。学生写作能力发展一般思维规律是"积累——模仿，借鉴——创造"。本课以已学习的课文片段为例，在具体可感的文本中总结名家写作详写的方法,把握写作详略要求,以读促写,把写作方法渗透到自己的写作训练中。

梯度性。写作课的核心是"写"。本课先从学生的体验感悟开始,提供名家写作范例,激起学生对详略概念的感知,进而引入学校活动十月歌会和同学习作,让学生在互动交流中深化详略的概念,进而对自己的习作进行思考、修改。活动设计有梯度,为学生搭建学习的台阶,让学生在能够做且愿意做的一系列活动中逐步把握学习要求,从体验性的感性认识,上升到理性的思维训练、实践训练。

反思性。《语文课程标准(2011 年版)》指出:让学生"养成修改自己作文的习惯,能与他人交流写作心得,互相评改作文,以分享感受,沟通见解"。在充分分享的基础上,让学生运用所学的方法自主修改习作,课后展开互评自改,为学生提供评价的衡量标准,把评改权交还给学生,引导他们在一系列实践活动中反思、体味、提高,把训练目标落到实处。

(撰稿者:上海市进才实验中学　朱律维)

范型 3-3

研究性学习：在图形设计中理解数学概念

摘要 探究是数学常见的学习形式。随着课改的不断进行以及到现在新课改已经深入人心，探究课所倡导的学习形式成为越来越多师生关注的焦点。本课通过探究打破数学概念原本的抽象性和概括性，教师给学生一些事例和问题，让学生自己从阅读、观察、实验、思考、讨论、听讲等途径去主动探究，自行发现规律，逐步感悟相应的原理和结论。

数学概念是人脑对现实对象的数量关系和空间形式的本质特征的一种反映形式，即一种数学的思维形式。学生对于数学概念的认知不仅应重视教学的内容和要求，更应充分关注课程中的学习过程，加强数学学习的活动，为学生提供亲身感受、体验的机会。[①] 本课通过课前、课堂、课后三个阶段整合独立探究和合作探究相结合的研究性学习，教师在探究过程中引导学生不断进行自我纠正和自我反思，归纳出更加精简、规范、严谨的概念表达方式，帮助学生强化概念形成的过程，深刻体会概念与性质背后的意义和价值。

一、设计依据

（一）学情分析

在知识储备方面，多数初一年级学生在小学阶段就已经对轴对称图形有了初

---

① 上海中小学课程改革委员会办公室.上海市中学数学课程标准[M].上海：上海教育出版社,2011.

步的认识以及具备了一定的动手操作能力,已经学习了平移运动、旋转运动,对图形的变换运动形成了初步的认识,少数学生具备一定的图案设计能力,以及具备初步的空间想象能力和合作交流能力。

本课对轴对称图形的概念以及性质、两个图形成轴对称的概念和性质进行探究,加深学生对轴对称图形概念的理解以及对两个图形成轴对称问题的区别与联系的认识,提升学生对于两个图形关于一条直线成轴对称性质的运用,增强学生对轴对称问题的理解和应用素养。

(二) 教材分析

本课取自上海教育出版社七年级数学第一学期,第十一章《图形的运动》第3节《图形的翻折》。教材中给出了相关的图形,让学生直接观察图形特征得到轴对称图形的概念,继续观察两个图形成轴对称的特征,得到两个图形成轴对称的概念,以及同时通过测量、观察、比较、猜测,认识到轴对称图形和两个图形关于一条直线成轴对称的区别和联系,从而提升了对轴对称相关概念和性质的理解和应用能力。最后,将性质运用到设计图形的过程中,认识到轴对称在生活中的广泛应用,激发学生的数学美感以及对学习数学的兴趣。

二、教学目标

1. 经过观察、动手操作,认识图形翻折运动的过程,理解轴对称图形的意义,会画出轴对称图形的对称轴;理解两个图形关于一条直线成轴对称的意义;掌握"轴对称图形"与"两个图形关于一条直线成轴对称"这两个概念的区别与联系;感受数学探究式学习方法对于提升对轴对称概念与性质的理解与应用所起到的作用;初步掌握探究轴对称概念与性质的忆、画、测、猜、验、归、用、悟"八步基本过程",体会从具体操作到归纳抽象概念的思维过程,深化对概念的认识。

2. 探究轴对称图形和两个图形关于一条直线成轴对称的概念以及性质,初步了解推导概念和性质应用的基本步骤及相应的方法,发展形象思维和空间观念,积累数学活动的经验,在动手实践中学会与人合作、彼此交流。

3. 感受"课前,课堂,课后"三阶段整合独立与合作探究轴对称概念和性质理解与应用的乐趣,增强对这种学习模式的热情,初步领会这种学习模式的价值;增强个体在探究中的责任意识和团队意识。课堂和课后了解轴对称在实际生活中的广泛应用,欣赏并体会数学中的对称美,感受轴对称的价值,提高学生对数学的热爱,对科学的热爱。

三、实践过程

根据上情,本课以课前、课堂、课后三阶段整合独立探究与合作探究数学轴对称问题的理解与应用,提升七年级学生数学概念理解、性质理解与相关应用的知识、能力,促进学生提升数学学习整体素养和其他相关素养作为总体设计思路。

(一) 探究活动 1

教师请学生以小组为单位进行讨论,按照图样寻找折叠剪纸的方法,并剪出相关图样。学生结合剪下的图案进行观察,思考图形的特征,尝试归纳轴对称图形的定义,在小组内进行交流,根据特征举出生活中轴对称图形的实例。教师请相关小组代表发言,其他同学自主内化操作的方法和轴对称图形的定义的产生过程。

意图 培养学生小组合作、大胆猜想讨论、动手剪纸和概括轴对称图形定义的能力,以及培养学生联系课堂所学知识与实际生活相结合的能力。

(二) 探究活动 2

教师请学生根据提示自主思考怎样快速完成两个图形的制作,完成后,把好的作品挂在黑板上,并思考图形的名称。请学生以小组为单位合作交流图形的特征以及与先前图形的相同点和不同点。教师请学生以小组为单位讨论"轴对称图形与轴对称"的区别及联系并填写表格。

意图 学生通过自主折纸,作图,剪出两个图形成轴对称的图样,小组合作交流并尝试概括图形的特征以及讨论与之前的图形的相同点和不同点,根据特征给图形命名,从而锻炼动手操作能力,以及用文字语言概括图形特征的能力,培养观察比较和大胆猜想的能力,初步从形象思维过渡到抽象思维。

（三）探究活动 3

首先，教师展现 PPT 上的图形并让学生观察两个图形成轴对称的特征，选择学生回答问题，学生进行观察并归纳两个图形关于一条直线成轴对称的基本性质。其次，教师请小组内学生猜想对称点联结线段与对称轴的位置关系和大小关系；接着学生以分工合作的形式，测量对称点的联结线段与对称轴所成的角度，以及对称点到对称轴的距离，并把数据填写在表单的相应位置，随后派代表进行合作交流总结。

意图 培养学生独立学习的能力，以及合理选择测量工具、测量方法和进行实测来验证猜想的能力；培养学生的归纳能力和概括小结的能力；增进学生对实测探究式学习的兴趣。

（四）巩固与应用

教师请学生完成如图所示的两个练习：

练习 1 在 4×5 的方格纸中，请小组同学合作交流，用三种不同的方法在除阴影之外的方格中任意选择一个涂黑，使得图中阴影部分构成的图形是轴对称图形，并画出它的一条对称轴；

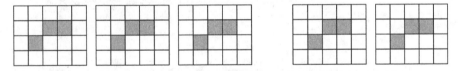

练习 2 如图是由 4×4 个大小完全一样的小正方形组成的方格纸，其中有两个小正方形是涂黑的，请再选择三个小正方形涂黑，使图中涂黑的部分成为轴对称图形。

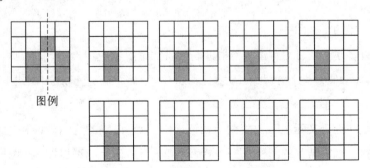

图例

意图 培养学生动手操作的能力,以及观察图形特征的能力;培养良好的数学工具运用习惯。帮助学生巩固轴对称图形的概念与性质,提升轴对称概念与性质应用的相关意识、知识、能力和良好行为习惯。

(五) 探究活动 4

教师通过 PPT 出示小结引导:学习的内容,学习的方法,参学态度,自己、本组、其他小组参与合作探究轴对称概念与性质应用的情况和体会等。学生参与和听取交流、评议,发表自己的观点,内化小结方法与意识。

意图 培养学生独合结合进行全课内容学习、方法梳理与归纳的意识与能力。

(六) 课后作业

教师布置完成以下作业:请学生自主将课堂学习单的其余内容和评价表的其余内容补充完整;利用课堂所学知识自主设计一个春节小饰品;自主寻找搜集轴对称与图形运动中平移和旋转相结合的实例,下节课进行交流。

意图 提高学生对轴对称图形和两个图形关于一条直线成轴对称的概念与性质的认识,加深概念与性质在实际生活中应用的体会,进一步感受数学中的对称美,增强学习数学的兴趣。

四、意义揭示

通过本次探究课的实践与反思,取得了较好的课堂教学效果,主要原因如下。

(一) 学生能力提升

提升了学生对轴对称图形的概念与性质的理解和应用素养,强化了概念形成的过程,体会概念与性质背后的意义和价值,更好地促进了对知识进行内化的过程。

学生在结合实际生活的探究活动设计中,运用自己的生活常识和生活经验,设计出符合相关特征的图样,进一步调动起学习主动性和积极性,归纳出相关概念和性质并进行运用,强化了动手操作、猜想、设计、归纳、运用、小结,以及评价的能力。这改变了传统数学课讲授模式,学生在忆、画、测、猜、验、归、用、悟"八步基本过程"中提升了轴对称图形和轴对称概念与性质的理解及应用的相关意识、知识、能力,从而提升了数学学习整体素养。学生在探究过程中,不断进行自我纠正和自我反思,对数学知识的学习更加精简、规范、严谨,体现出对知识进行内化的过程只有通过亲身体验才可以有效地完成。

(二) 符合建构主义理论

建构主义学习理论认为"学习是学生自己建构知识的过程。学生不是简单被动地接受信息,而是主动地建构知识的意义。学习是学习者根据自己的经验背景,对外部信息进行主动地选择、加工和处理。对所接受到的信息进行解释,生成了个人的意义或者说是自己的理解"[①]。

本课先让学生观察生活中实际图形的特征,在他们对图形特征产生直观认识后,鼓励他们大胆设计符合特征的图形;同时,本课制定表格让学生独立与合作探究轴对称图形和轴对称的区别与联系,使得学生对概念和性质的理解更加细致和深入。学生大胆运用自己对已知图形的认识,结合自己的生活经验和已有知识,设计出符合要求的新图形,并且在自主动手操作之后,反思自己的操作过程,结合小组合作分享的操作经验,整合出相关图形的概念和性质,更进一步通过表格相互对比,分析区别与联系,使得自己的理解更加完善准确。这一系列过程,符合建构主义理论。

(三) 探究课在提升学生学习研究能力的同时更促进了教师自我发展

苏霍姆林斯基说过:"如果你想让教育工作给教师带来乐趣,使每天上课不致成为一种枯燥单调的义务和程序,那你就要引导每一个教师都走上从事教育科研这条幸福的道路上来"。在准备探究课的过程中,教师要经常反思自己的课堂教学形式,反思自己的课后教学习惯,推敲自己的教学语言,审视自己的教学行为,

---

① 孙薇.实施"五策"提高数学单元复习和自我监控能力培养实效——以《图形的运动》复习课之区级课题研究课两次实践与分析为例[J].浦东教育研究,2018(4).

将教育教学工作层层铺开,力求把握每一个细节,总结经验,提升自我的教学素养。教师还常常需要阅读大量的科研资料,促使自身始终站在前端来认识最前沿的教学理念,同时结合自身实际情况,使教学行为更加科学化、系统化。这节课题研究课所反映的,正是教师不再单方面地对学生进行讲授,而是与学生一起研讨,同时学生与学生之间也开展研讨,根据自身原有的经验知识,相互交流质疑,从而产生新的知识、方法和理解。这种新的教学视角,给教师带来新的教学形式,转换了教学目标,赋予课堂教学新的意义和价值。

(撰稿者:上海市历城中学　刘陶)

第四章

深度学习：提升思维品质

通过深度学习，帮助学生在独立学习与合作学习的结合中获得思维能力的提升。在对话式学习中，通过对话交流、碰撞，学生能够获得更深入透彻的理解。在问题式学习中，数学问题的探究促进了学生对我国个税新政的理解与应用。在建模式学习中，引导学生发现、提出、分析和解决实际生活中遇到的问题，提高探究和问题解决能力。

范型 4－1

对话式学习：以七巧板为载体　丰富数学活动

摘要　教师与学生、学生与学生以文本为"话题"通过对话交流、碰撞而获得更深入、更透明的理解。教师与学生既是提问者，又是释疑者；既是讲授者，又是倾听者；既是参与者，又是评价者。这样的对话是真诚地展示自我，愉悦地接纳别人，丰富自我的过程。通过两者之间对话式的相互作用，通过这样一种生命的互动、精神的快乐合作，让每一位学生各展其才，各取所需，达到学生自主和自由发展的目的。

一、设计依据

（一）学情分析

根据上海教材，学生从七年级下学期开始正式学习几何内容，几何内容的学习对学生的几何抽象思维有着更高的要求。本节课通过七巧板的制作和拼、摆游戏等活动，复习线段、角、平行线、垂线、全等三角形、等腰三角形等的基础知识和基本技能，发展和丰富学生的数学活动经历和体验。本节课是对前两章几何内容的一次总结与归纳，同时，发展学生的抽象思维是图形学习的核心目标。我们生活的空间存在着大量的图形，直观的图形是学生认识和理解自然界及社会的绝妙工具。初一(12)班同学，通过一年多的学校活动和课堂学习，能够较好地进行独立与合作学习，在平时学习中，每组均有固定的小组长，也有小组竞争机制，较好地锻炼了学生对数学问题的探究意识、知识的运用能力,调动了学生主动实践学习的兴趣。基于此认识,在本节课的学习中,主要通过"独合结合"的课堂实施形式制作七巧板,鼓励学生探索七巧板及其他图形的性质,发展学生的空间想像能力,进而培养其抽象思维能力。此外,引导学生在小组的交流与评价中,体会不同图形的绝妙之处,以及其中所蕴藏的数学知识,培养学生克服困难的信心和勇气。

(二)课标分析

2011 版《上海市中小学数学课程标准》指出:教师应成为学生学习和知识建构的促进者。教学是师生之间的对话、沟通、合作、共建的交往活动。在数学教学中,教师应从学生已有的知识经验出发,激发学生探求新知的兴趣,提供学生充分从事数学活动的机会,帮助学生在自主探索和合作交流的过程中构建知识、训练技能、领会数学思想方法、获得数学活动的经验。初中几何学习经历从直观几何、实验几何到推理几何的演进过程,体会直观认识与理性思考的联系和区别,体会归纳推理、类比推理与演绎推理的意义和作用;体验、探索具体图形的位置关系和运动规律,能用方向、距离、角度、几何变换等进行刻画;具有"实验—归纳—猜测—论证"的经历,感受数学发现、创造的历程。

《上海市中小学数学课程标准》同时提出:学生能在教师指导下自主进行学习和探究问题;会对知识学习的过程和解决问题的过程进行自我评判和调控,对知识进行系统整理;初步养成对已有的知识经验进行反思、质疑的习惯,有发散思维和求异思维的心向,能提出自己的独立见解;初步学会与他人进行交流、沟通和合作;积极尝试运用信息技术手段进行学习和研究,经历并逐步学会使用计算器或计算机进行数据处理和统计分析。初步掌握观察、操作、比较、分析、类比、归纳等数学实验研究的方法和利用图表整理数据、获取信息的方法;对数学直觉有初步的体会;初步领略数学地思考、判断、决策的过程和方法;懂得"从特殊到一般"以及"化归"等策略。逐步形成数学探究能力、应用能力和创新能力。能通过数学的操作实验进行合情推理,提出猜想并进行判断;会利用已有的知识经验,自主进行探索和尝试解决新情境中的数学问题;逐步增强研习能力、批判思维能力、自我调控能力、交流与合作能力、运用信息科技能力。

因此,根据上述课标精神,本课以课前、课堂与课后"三程""独合结合"对话式学习为主,动手操作式、借助信息技术式、随机激励式"三式"为辅,来组织学生完成相应的学习活动,并锻炼学生几何学习的动手操作、计算和抽象思维"三能力",并有效提升学生的"独合结合"对话式学习素养。

(三)教材分析

"有趣的三角板"这节课是上海教育出版社七年级下第十四章《三角形》的章节探究活动。

本探究活动基于七年级数学教材正方形中如何切割出七巧板,规定了拼七巧板的两条规则,最后例举七巧板拼出的一些动物模型。教师根据学校课题研究及培养学生几何学习"三能力"与"有效对话"素养的需要,特自编了教材。本课拟分为三个层次的探究:第一层是课前学生通过查找资料,自主学习,得出七巧板的由来和七巧板的制作,增强民族自豪感;第二层是根据对话式教学中老师给定的问题,探究七巧板中各个图形的关联;第三层是通过独立学习和合作学习研究七巧板的拼图方法,发散思维,提升数学抽象思维能力。学生用材:课前、课堂和课后"三程"学习单。

(四)实施形式

1. 系列问题引导—"独合结合"对话式

课前:学生独立学习,从网络查阅、了解七巧板的由来,查阅资料和网络七巧板的制作过程。小组合作交流,锻炼学生从网络独立搜集、整理特定材料和参与小组内对话交流的能力,找出七巧板各个图形之间线段和角之间的关系。

课堂:借助信息技术和"独合结合"系列问题引导式,引导学生拓展思维,以提高抽象思维能力。系列问题引导分为三个层次:第一层:经过课前预习,生生对话式预习,回答以下问题:1. 七巧板如何制作? 2. 七巧板由几个图形组成? 3. 这几个图形在大小上有什么关系? 4. 七巧板图形中有几个直角? 几个锐角? 几个钝角? 5. 七巧板中长度相等的线段有哪些? 线段的位置关系有哪些? 第二层:"独合结合"、小组讨论,教师随机激励式引导学生在摆出指定图形并观察指定图形的基础上回答问题:1. 请求出组内拼出图形的周长。2. 请求出组内拼出图形的面积。第三层:探究活动中,"对话式"引导学生对问题进行分类讨论。

课后：对课后问题独立思考，动手操作拼出图形，小组内部交流、讨论，并在第二课时进行交流。

2. 动手操作式

数学课堂上要给予学生充分的进行数学活动的时间，动手操作是学生学习数学的一种重要方式。因此，引导学生开展动手操作交流成为新课改下数学课堂的热点。操作活动能够帮助学生理解和掌握数学知识，帮助学生进行数学思考，解决数学问题，提高抽象思维能力。本节课设计了课前动手和课中动手。课前动手，学生独立思考七巧板的做法，并独立完成七巧板，按照小组，选出七巧板制作最精良的 2 到 3 名学生。课中游戏环节，合作学习，用七巧板完成小组自选字母的拼组，组织组内对话交流，评选推荐最佳七巧板拼图。探究活动中，鼓励学生发挥自己的想象，小组合作拼出满意的图形，并对图形进行解说。

3. 借助信息技术式

课前：利用网络等多媒体资源独立收集关于七巧板的相关资料，提高资料收集的有效性和便捷性，锻炼利用信息技术搜集资料的能力。开展"对话式"小组内交流。

课堂：教师把巡视过程捕捉到的相关学生合作，小组探索中的小亮点，通过希沃软件投屏到大屏幕上，启发引导其他小组同学；在学生拼图时，运用希沃软件及时把学生的拼图成果展示到大屏幕上进行讲评，增进学生的合作精神、合作责任和对借助信息技术进行学习的兴趣。

课后：学生独立学习，进一步使用网络媒体来优化拼图，搜集资料寻找课堂活动以外的拼图形式。下一堂课借助信息技术合作交流呈现每个小组的学习成果，教师随机激励式引导每个小组进行成果交流与评价，进一步锻炼学生"独合结合"利用信息技术收集和处理信息、进行交流和评价的能力；增进信息素养意识。

4. 随机激励式

课前：对课前收集资料表现优异的小组进行表扬，小组内自评和互评，选出表现优异的组员。

课堂：在全课学习中，尤其是学生在进行游戏和探究活动时，教师巡视各小组，参与到各小组中，发现亮点及时表扬，同时邀请表现突出的小组进行课堂展示与交流；要求小组中的组长在小组讨论过程中，对组员认真完成合作任务、倾听交流和参与发言积极等良好行为，"独合结合"探究能力有发展或表现突出的行为，及时进行表扬。小组总结时会进行自评与互评，以促进学生"独合结合"进行探究式学习。

（五）实施方法

根据上情，本课以课前、课堂、课后"三程"相结合，整合实施基于"独合结合"数学公式推导与应用探究式学习的"四式"，来提升七年级学生数学思维和抽象能力的相关意识、知识、能力和良好行为习惯"四素养"，进而促进学生提升数学学习整体素养和其他相关素养作为总体设计思路。

落实安排概述如下。

课前：首先完成分组，每组7人围坐一起，共6组；其次，学生独立准备，每位学生需要1把剪刀、1把20厘米或以上的直尺、1副三角尺；培养学生小组合作中的分工意识与合作责任意识；培养独立思考、知识迁移的意识。

课堂：通过七巧板的制作、拼摆等活动，丰富学生对平行、垂直及角等有关内容的认识，积累数学活动的经验。在探索图形的性质、图形的变换活动中，初步建立空间观念。在拼图活动中，让学生对所拼的图形给出自己所赋予的意义以及美好的愿望，既培养学生的想像能力，又给学生充分表达自己的机会。交流过程中以小组为单位进行讨论和分享，组长负责听取想法，摆出图形，组内派出一名组员解说拼出图形。

课后：独合结合完成课内提出的思考；有兴趣的同学可以通过网络等方式进一步收集拼接七巧板的知识；小组长组织组员对课后组员完成的图形进行归纳和总结，并完成小组内的自评与互评。

二、教学目标

（一）知识与技能

1. "对话式"教学实施加深对三角形、等腰直角三角形和平行线、正方形性质等重要知识的理解。

2. "独合结合"进一步体会平移、旋转、轴对称等全等变换在拼图中的应用，初步建立空间观念。

（二）过程与方法

课前：能够在老师的指导下完成分组；提前独立从网络上收集七巧板的由来和制作方法，对七巧板拼图有着基本的了解。

课堂：在探索图形的性质、初步了解七巧板拼图的基本方法的活动中，"对话式"初步建立空间观念。在小组合作拼图活动中，培养动手操作能力，借助对话，在拼出图案的过程中，独立思考找出平行、垂直关系，以及锐角、直角、钝角，并通过小组合作交流，生生对话进一步提高观察、分析、概括的能力。小组合作拼图，经历组内同学交流拼字母方法——表决结果——交流拼七巧板的设想——互动中拼图——赏析评价——追问对话的过程。

课后：学生继续探索七巧板的拼图问题，独立创作自己满意的图案并小组分享自己的拼图和想法。

（三）情感、态度与价值观

通过七巧板的学习激发学生的民族自豪感，从而培养学生的发散性思维。敢于发表自己的意见，并能尊重他人的意见，增进"独合结合"、"对话式"学习数学的兴趣。

三、实践过程

（一）播放视频"七巧板的由来"，激发学生"对话式"的学习兴趣

1. 组织学生在课前独立收集"七巧板的由来"视频，独立放视频，并发表随机见解，要求其余学生观看。

2. 组织学生到讲台上讲述"七巧板的制作方法"，其他学生认真听、记、观看。

3. 教师注意倾听，并作随机激励和引导。

（二）动手操作

1. 如何利用正方形纸片做成七巧板？独立探究七巧板的制作方法，独立思考问题，教师"对话式"引导，小组合作回答问题，培养学生利用数学原理解决实际问题的能力与兴趣。

2. 独立动手拼出指定图形,各小组通过讨论选择适当的拼图方法,"独合结合"全班交流。独立计算,小组合作,整合数据,交流概况结论。

(三) 提高拓展,激发想象力,提高学生抽象思维能力,感悟数形结合和分类思想,培养发散思维

拼图要求:利用七巧板,拼出你理想的图形,合作交流,选出优异的设计图,并在下节课向全班作介绍。同时指出里面一组平行线和两条互相垂直的线段,指出一个锐角、钝角、直角的度数。除垂直和平行外,拼图过程还发现哪些数学知识?

在拼图的过程中,学生独立思考能否求出已知图形的周长和面积。

(四) 主要成效

1. 学生"独合结合"提升几何三能力素养方面:首先,注重创设情境,让学生在生动有趣的情境中学习数学,用动画视频"七巧板的由来"引入新课,对话式激励学生表达自己的观点。接着,老师提出一系列问题,让学生交流讨论七巧板的构造以及如何制作。再来就是拼摆,引导学生剪拼摆,按要求拼出数字或者字母。通过课前课堂课后对话式教学的不断渗透,100%的学生参与到整个的教学中,80%的学生掌握2—5种的七巧板拼图的方法,50%的学生可以利用前面学过的平行线的性质和判定来对七巧板的性质进行深一层的研究和说理。以课前、课堂与课后"三程""独合结合"对话式学习为主,以动手操作式、借助信息技术式、随机激励式"三式"为辅,来组织学生完成相应的学习活动,并锻炼学生几何学习的动手操作、计算和抽象思维"三能力",有机提升学生的"独合结合"对话式学习素养。

2. 学生"独合结合"数学对话式素养方面:一是学生对话式综合素养意识方面:95%的同学可以根据自身的情况提出两个或以上的问题,90%的学生提升了倾听思考他人观点的能力;二是学生对话式综合素养能力方面:100%的同学可以回答老师两个以上的问题,90%的同学得到展示自己观点的机会,60%的学生可以对其他组的拼图提问,并对规定条件下拼图的多样性进行深入思考。

四、意义揭示

(一) 对话式等"四式"有助于提高学生的几何思维能力

教师组织学生动手操作,学生在预习阶段自主查阅资料,在讨论方案时提出个人见解,表达设想,在实践操作过程中设计出多种拼组的方法,在小组讨论时提出新的问题和思想,学生是活动的中心,体验了对话式的教学过程,获得了探究成果,增强了学习兴趣和学习能力。

(二) "独合结合"符合建构主义学习理论

学生先独立复习,查阅资料,形成一定的知识经验,再在课堂上进行合作交流,讨论并实施方案,将七巧板的制作、拼图过程科学完整地表现出来。在学习过程中,学生不是简单被动地接收信息,而是主动地探究、记忆、理解和应用知识,即自主完成建构知识体系。

(三) "独合结合"对话式教学符合学习动机理论

本课将用七巧板拼出不同图形作为课堂任务,学生对此活动感兴趣,完成了作品,并获得了学习的乐趣和成功的体验,通过小组讨论活动也深感自己的不足,从而萌发了进一步学习几何知识的愿望,强化了学习动机。

（撰稿者：上海市进才实验中学　杨芳芳）

范型 4-2

问题式学习：争当小"税务官" 提升个税素养

摘要 个人所得税（以下简称"个税"）问题是一个复杂的实际问题，六年级学生学习了百分比的应用，完成了一些与个税相关的练习。本课以课前、课堂、课后"三程"相结合，实施基于独立学习与合作学习相结合的学习方式，运用数学问题解决式来提升六年级学生对我国个税新政策的理解与应用，并形成相关意识、知识、能力和良好行为习惯"四素养"，促进学生提升数学学习整体素养和其他综合素养。本课以课前、课中、课后"三程"结合实施基于"独合结合"等"四式"的问题解决式来组织教学，以提升学生对个税新政策的理解与应用"四素养"。

一、设计依据

（一）学情分析

六年级的学生已经学习了分数运算、百分比、一元一次方程和二元一次方程的解法及它们的应用，具备了一定用算术法或方程思想解决实际问题的能力。百分比是一种特殊的比，在生产、生活中有着广泛的应用，教材中列举了许多运用百分数的实例，涉及工业、经济、商业等行业，出现许多名词如利率、利息、税金等。浦东新区 2017 学年六年级第一学期期末试卷的压轴题就是一道与个人所得税超额累进 7 级税率以及速算扣除数相关的题目，2018 学年闵行区六年级第一学期期末考试卷的压轴题也研究了个税新政。在本班平时的练习中,也涉及部分个税问题,因此学生对于解这一类问题有一定的基础。由于超额累进 7 级税率本身比较复杂,对于六年级学生而言是一个难点,因此对于六年级第二学期的学生有进一步研究的必要性且需要采取独立学习与合作学习相结合的学习方式(简称"独合结合"式)。

预备(10)班的学生,上学期开展了"独合结合"数学探究式学习的公开课《4.1圆的周长》,经历过"独合结合"的学习方式。2019 年 3 月 22 日下午参观了上海市东昌中学的金融实验室,对于货币、股票、储蓄等有了些许认识与感受。在《4.1 圆的周长》一课中对课前、课堂、课后(简称"三程")学习的全过程有了初步的感受与体会,但缺乏运用问题解决式开展对于个税新政的理解与应用学习的完整经历,"独合结合"数学问题解决式的素养(学用意识、知识储备、活动能力、良好行为——简称"四素养")也有待提高。

(二) 教材分析

本课使用了完全由本校自主编写的教材。本课参考了浦东 2017 学年六年级第一学期期末试卷的压轴题以及 2018 学年闵行区六年级第一学期期末考试卷的压轴题,建立在教材的基础上又高于教材。除了融入数学相关知识与技能外,还融合了语文的阅读理解、信息课的资料搜索、美术课作品设计、金融课以及德育教育,是一节综合型的课程,也是一节职业规划课。

本节课的学习材料(代替教材)分为"三程·三单",即:课前预习单——主要内容为:回顾个人所得税的一些概念与公式,通过网络搜集 2019 年个税新政内容,并作解读和进行计算编题等;课堂学习单——主要整理记录课上的四项活动及相应的练习;课后学习单——主要整理课堂内容及搜集解读个税关于年终奖的资料。

"三程·三单"的学习内容安排实施,主要采取"独合结合"活动式、分步(三程·十步)解读剖析活动式、信息技术整合式、两类激励式(以下简称"四式"),来保证上述内容的落实——以此提升学生对个税新政的理解与应用素养,增强学生学习数学并应用数学分析问题解决问题的兴趣与信心。

1. 会用网络搜集 2019 年个税新政的相关资料;理解个税新政新设的六项专项附加扣除的内容,理解个税新政的累计预扣法,会正确识读和使用居民个人工资、薪金所得预扣预缴税率表,掌握计税金额、应纳税额的计算方法;设计并美化个税新政的宣传单。

2. 经历独立学习与合作学习相结合的学习方式,学习 2019 年我国个税新政新设的六项专项扣除与累计预扣法并设计宣传单;课堂小组合作展示课前预习结果、解决现场提出的税收新政相关问题,小组合作设计个税新政宣传单;课后及时独立完善搜集的个税和其他相关资料,下次课上组织交流与合作评价;体悟搜集资料、解读资料、应用资料、提炼资料、设计宣传的方法。

3. 感受数学问题解决式提升学生对个税新政的理解与应用素养探索的乐趣;增强个体在合作探究中的责任意识和团队合作意识;了解税收的发展历史,知道学好数学能合理省税,体会税收的意义和作用,履行小小税务官的职责,培养对税务师的职业认同感,树立依法纳税的意识,感受政府执政为民,进而增强爱国主义热情。

本课以课前、课堂、课后"三程"结合,提升六年级学生对我国个税新政的理解与应用的相关意识、知识、能力和良好行为习惯"四素养",进而促进学生提升数学学习整体素养和其他综合素养作为总体设计思路。

(一)课前准备

要求学生搜集 2019 年个税新政的相关资料。独立或与小组合作初步理解个税新政新设的六项专项附加扣除的内容,理解个税新政的累计预扣法。

(二)引入环节

多媒体播放小视频,引出课题——小小税务官,复习已学习个税的相关知识与公式。

意图分析　观看与税有关的小视频,了解"税"的由来与作用,巩固旧知和激发担任小小税务官的使命感。

（三）第一次交流展示

学生:

1. 展示小组上台介绍课前搜集的2019年个税新政的六项专项附加扣除法的内容,通过实例演示新政的算法。

例题:小林是独生子女,需要赡养两位老人,还在还房贷,他每月工资薪金为12 000元。"三险一金"等专项扣除为2 000元,那么小林的应纳税所得额为多少元? 应纳税额为多少元?

2. 展示小组结合六项专项附加扣除给同学们出题。

例题:根据个税新政,小宋与丈夫都是独生子女,需要赡养四位老人和养育两个孩子,小孩在读小学和中学,小宋每月工资薪金为10 000元(申报赡养两位老人),丈夫每月工资薪金为15 000元(申报赡养两位老人),夫妻俩"三险一金"等专项扣除均为2 000元,那么请问,孩子的教育扣除额计算在小宋一方,还是丈夫一方合适? 两种不同方案的家庭个税差额是多少元?(注:家庭个税指小宋和丈夫两人应缴纳的个税总和)

意图分析　通过小组合作交流展示活动培养学生个税新政的解释能力、编题能力和利用数学原理解决税收新政实际问题的能力与兴趣。

（四）第二次交流展示

学生:展示小组上台介绍2019年个税新政的累计预扣法的内容与公式,并给其他同学出题。

例题:小明2015年入职,2019年每月应发工资均为30 000元,每月减除费用是5 000元,"三险一金"等专项扣除为4 500元,享受子女教育、赡养老人两项专项附加扣除共计2 000元,假设没有其他减免收入及减免税额等情况。他每个月缴纳的个税是多少?

教师:组织学生通过算一算、比一比感受累计预扣法与2018年老政策的差异。

意图分析　通过小组合作交流展示活动培养学生个税新政的解释能力,及利用数学原理解决税收新政实际问题的能力与兴趣。

(五) 设计展示

教师:组织学生以小组为单位设计一份个税新政的宣传单。提示:可以用思维导图、表格、图表、漫画等形式来设计。

学生:以小组为单位,分工合作完成一份宣传单的设计,各组选一位同学上台展示,并评选心目中的优秀作品。

意图分析　通过小组合作创展评活动培养学生将美术、思维导图、表格等元素融入到个税新政宣传单的设计中;培养学生大胆展示自己的创意的意识;培养学生多元评价作品的能力。

(六) 课堂小结

学生以小组为单位从学习的内容、学习的方法、参学态度,自己、本组、其他小组参与综合实践活动时的情况和体会等方面用简明扼要的方式进行独立与合作小结。

意图分析　引导学生梳理与概括课堂所学内容、方法,使其形成良好学习态度,培养学生独立与合作小结的意识与能力。

(七) 专家点评

邀请学生家长进行专家点评,介绍数学在税务生活中的价值,激励同学们树立学好数学的目标。

意图分析　培养学生对税务师职业的理解甚至认同感,树立学好数学的目标。

(八) 作业布置

理一理:整理完善今天课堂所学的六项专项附加扣除以及累计预扣法及练习题。

挖一挖：小组合作完成收集信息作业：通过网络等方式,搜集有关 2019 年个税新政对年终奖的收税方式,尝试帮助父母合理省税。

意图分析 培养学生课后进一步独立学习和合作学习的能力与意识。

(九) 主要成效

1. 数学问题解决式学用意识方面

课前：有 100％的学生能意识到利用多媒体搜集资料的必要性；91.30％的学生能形成阅读、分析、梳理搜集到的资料并结合具体实例解释个税新政的意识；82.61％的小组初步设计了个税新政的宣传小报草稿,26.09％的小组设计稿已成形。

课堂：91.30％的学生有通过计算对比个税新老政策差异的意识,以及体会个税新政优越性的意识；97.83％的学生能有独合结合梳理、小结、简化个税新政,设计宣传单进行个税新政宣传普及的意识；86.96％的学生能具有独合结合完成课堂小结的意识；91.30％的学生能具有增进小组合作学习的意识。

课后：100％的学生能具有自主复习、完成作业的意识；82.61％的学生能具备课后反思重建的意识。

2. 数学问题解决式知识方面

91.30％的学生能理解个税新政关于六项专项附加扣除以及累计预扣法的政策,82.61％的学生能用数学实例加以解释验证,76.09％的学生能使用数学原理合理省税,86.96％的学生能运用美术、思维导图、图表等手段设计个税新政宣传单,91.30％的学生能根据评价表评价课堂表现以及宣传单。

3. 能力方面

多媒体搜集资料的能力：100％的学生能利用网络、报刊杂志等媒体搜集个税新政的相关资料。

阅读梳理解释资料的能力：82.61％的学生会阅读、分析、梳理资料,结合具体实例解释个税新政；65.22％的学生能结合自己的理解向身边的家人、同学和老师介绍个税新政；39.13％的学生能结合个税新政编写应用题。

运用数学原理解决实际问题能力：82.61％的学生能运用个税新政,正确识读税率表,计算计税金额以及应纳税额；78.26％的学生能用同一例题按新政与旧政计算应纳税额,进行比较,体会个税新政的优越性,体会国家执政为民的执政理念。

发挥创造力设计个税新政宣传单的能力:95.65%的学生能以小组为单位设计个税新政宣传单;89.13%的学生能融入数学与美术等多元素,发挥创造力设计精美的个税新政宣传单;50.00%的学生能清晰地阐述本小组的设计理念与意图。

课堂小结能力:82.61%的学生能够结合课前预习、课堂所学,独合结合小结学习的内容、学习的方法、参学态度,并通过自己、本组、其他小组参与综合实践活动式的情况和体会等进行小结;65.22%的学生能用简明扼要的方式表达出来。

课后自主复习能力:98%的学生课后能自主复习并完成作业,82.61%的学生能反思重建课堂所学,65.22%的学生能主动参与课后小组合作活动进一步研究个税新政有关年终奖计税的问题。

课后评价能力:95.65%的学生能根据评价表对自己和组员进行评价,82.61%的学生能利用评价表评价各个小组设计的宣传单。

课后宣传个税新政的能力:78.26%的学生能主动给父母、亲朋好友宣传与解读个税新政,帮助父母合法省税。

4. 良好行为方面

通过"独合结合"的三程十次活动,82.61%的学生能养成通过网络等媒体搜集相关资料的良好习惯,78.26%的学生能具有大胆质疑、独立思考、敢于表达自己的观点和倾听同学交流的良好行为习惯;在设计个税新政宣传册的小组合作过程中,78.26%学生能具备合理分工和承担任务的良好行为习惯,80%的学生能养成参与活动评价的良好习惯,70%的学生有课后整理完善反思重建的良好习惯。

5. 鼓励能力薄弱的学生参与到小组展示活动中提升各层次学生的综合能力

为进一步提高能力较为薄弱学生的学习积极性,对小组展示环节由本组中能力较弱的学生展示给予加分,在课前和课堂上大大调动了这部分同学积极性的同时,小组为了获得更多加分,组内能力较强的学生会主动把自己研究的成果与大家分享,在这一过程中能力强的学生学会了分享并提升了表达能力,能力中等的学生通过听讲进一步明晰了自己的困惑,而能力较为薄弱的学生学会了原本不理解的知识,同时提升了组内其他成员对他的悦纳度,进一步提升了其学习的积极性与自信心。

通过两次实践与反思，尤其是在第二次实践时进行了适当调整，取得了更好的课堂教学效果，主要原因有三。

（一）符合数学问题解决式教学实施

问题解决式具有实践性、开放性、自主性和生成性的特点。它主要包含了相互独立的两大领域：一个是研究性学习，主要表现了学生主体的问题解决性学习或者说是探究性学习；另一个是以劳动技术教育、社区服务、社会实践为核心的直接的、体验的学习或者是活动。在本课题中，我们研究的数学问题解决式是指通过学生主体地、创造性地解决问题的学习过程，有机地将数学的学科性知识与体验性知识、跨学科性知识、社会课题和学生问题、理论和实践、课内和课外、校内和校外有机地结合起来的综合实践活动。本节课没有现成的教案，结合课前、课堂、课后"三程"，学生通过"搜、读、说、学、算、比、创、评、理、概"这十步研究个税新政，具有一定的实践性、开放性、自主性以及生成性。而本节课融入的学科除了数学外，还有语文、金融、思想品德、美术等多门学科。本节课还邀请了学生家长（某税务事务所合伙人）进行指导与点评，成为一节有意义的职业规划课。学生通过"三程""四式""十步"理解个税新政，体会学好数学能帮助父母合理省税，逐步形成"独合结合"研究数学问题一般思路与方法。

（二）符合目标设置理论

美国管理学家洛克和休斯等[①]提出的"目标设置理论"认为，三个因素影响目标的达成：（1）目标难度——应把目标控制在既有较大难度，又不超出人的承受能力这一水平上。本节课课前准备环节尝试让学生根据课前预习单自行通过网络等手段搜集个税新政关于六项专项附加扣除以及累计预扣法相关内容，课前小

---

① 孙微.实施"五策"提高数学单元复习和自我监控能力培养实效[J].浦东教育研究,2018(02)：43-46,转7.

组合作读、说、学所搜集的内容,并举例示范,进一步编写应用题。这一要求对于六年级学生的确存在一定的困难,但大部分学生都有迎难而上的决心,通过小组合作,辅以教师的课前小组指导,这些要求都一一落实了,换来的是学生对自己努力钻研问题的肯定。(2) 目标的明确性——能够观察和测量的具体目标。目标可以使人明确奋斗方向,并明确了自己的差距,这样才能有较好的激励作用。本节课课前、课堂、课后"三程"中"独合结合"各项活动都给出明确目标,例如在设计个税新政宣传单这一活动之前在学习单中布置"预习三:请搜集宣传单的设计方法与要素"任务,课前教师小组面授之后请学生以小组为单位先完成宣传单的草稿,课堂上根据所学内容进行调整与完善。又如在课前预习单中使用"本节课学习的内容是什么? 本节课你用了哪些学习方法? 本节课中自己和本组同学参学态度如何? 本节课中其他小组同学参学态度如何? 本节课你有什么收获与体会?"这五个问题给予学生明确的小结目标,使学生得以顺利完成课堂小结。以上两例均给出明确的目标,引导学生完成任务。(3) 目标的可接受性——只有当人们接受了组织目标,并与个人目标协调起来时,目标才能发挥应有的激励功能。本课设计的目标都是充分符合学情的,是学生通过独立学习以及合作学习能够加以解决的。再结合小组合作过程中教师巡视时的随机激励,以及学生全班展示交流时的积极评价,这些都符合"目标设置理论"三个影响因素的要求。

(三) 符合有效小组合作学习方式

合作学习是指小组或某一群体为完成共同的学习任务,有明确的责任分工的互助性学习。开展小组合作学习能在有限的时间内扩大学生的课堂学习参与面,提高课堂学习的效率,在优势互补中使不同层次的学生都能得到相应的发展。有效的小组合作学习的作用:1. 激发学习动机、兴趣、热情。课堂引入部分通过一段小视频简单而全面地介绍了税收的种类和作用。课前、课堂学生自学互学六项专项附加扣除,从而了解可以通过计算合理合法省税,发现数学源于生活又能服务于生活,激发学习数学的兴趣与热情。2. 实现"教"与"学"的双赢。本节课是一节自创课,教师在备课的过程中,设计预习单,批改预习单,再进行小组一对一指导,这一过程中教师根据学情及时做了调整,同时教师在备课的过程中不断探索个税新政的优越性,自身对于个税的理解也有了很大的提升,而学生通过"搜、读、说、学、算、比、创、评、理、概"这十步结合独立学习与合作学习大大提高了学习效率。

3. 利于相互学习与合作。本节课课前学生在小组内交流自己搜集的资料,结合实例给组员讲解自己对于个税新政的理解,集体备课共同解读个税新政,相互修正对于新政的理解。学生课前以小组为单位分工合作设计个税新政的宣传单草稿,课堂上进一步完善与美化,充分实现了合作学习。4. 锻炼言语表达的能力。本节课学生在课前组内交流、分享个税新政,结合实例解读新政,共同编写应用题供上课交流时使用。课堂上组间合作,解读新政、讲解实例、解决展示小组所编写的应用题、分享宣传单的设计理念等都能进一步提高学生的语言表达能力。

（撰稿者：上海市进才实验中学　徐昊）

范型 4-3

建模式学习：用数学思维解决实际问题

摘要 建模也是一种学习的方式。"宇宙之大，粒子之微，火箭之速，化工之巧，地球之变，生物之谜，日用之繁，无处不在数学"，建模式学习是引导学生发现、提出、分析和解决实际生活问题，从而提高利用数学解决实际问题的能力的一种学习方式，能培养学生的创新思维。

《义务教育数学课程标准》（以下简称数学"课标"）强调："重视数学与现实生活的联系。选择具有广泛应用性的数学知识充实课程内容，开发实践环节；展现数学抽象、推理、应用的完整过程，突出数学的建模思想。"本课例，教师通过对学生充分的引导和指导，使学生能够针对实际数学问题提出自己的分析，提出解决方案，学生通过小组交流形式，集思广益，探究最佳方案解决问题并进行分享，提高数学学习兴趣和问题解决能力。

一、设计依据

（一）学情分析

初二(10)班同学通过两年的学校活动和课堂学习，能够较好地进行独立合作学习，在平时学习中，经常以小组为单位进行小练习订正，每组有固定小组长，也有小组竞争机制，较好地锻炼了学生对数学问题的探究意识、知识的运用能力，调动了主动探究学习的兴趣。采用分层作业，A层同学加做拓展练习，B层同学做常规练习,C层同学做基础练习。此前,学生已经学习了一元二次方程的概念,能够用合适的方法解一元二次方程,对常规图形的面积算法有一定的了解。因此,本课拟通过独立与合作学习相结合的方式,进行解决真实问题的情景性综合实践式学习活动,使学生经历从实际问题抽象出数学问题,构建数学模型,解决实际问题的过程,帮助学生加深相关知识的理解,体会数学源于生活和服务于生活。

(二)教材分析

本课参考的是上海教育出版社《数学 八年级(上)》17.4(2),一元二次方程的应用。一元二次方程是中学数学主要内容,其应用也具有代表性,是一元一次方程的延续,也是二次函数的基础。教材给出了利用一元二次方程解决面积问题和增长率问题两种范例,本课选取"面积问题",结合学生刚刚进行的秋游活动,将遇到的实际公园里花坛设计问题进行一系列变式,引导学生独合结合完成任务。在找取相关数量关系进行未知量符号化时,简单问题由学生独立完成,复杂情形则进行小组讨论、合作完成。这样学生一方面可以学习利用一元二次方程解决"面积问题",另一方面可以经历探索等量关系式、列方程的过程,锻炼数学建模能力。

二、教学目标

1. 100%的学生能够感受数学源于生活、可以解决生活问题;90%左右的学生能够根据问题中的相等关系列方程,并能根据具体的实际意义检验结果的合理性;50%左右的学生能够通过变式,提高分析问题、解决问题的能力;60%左右的学生能够做好自己能力范围以内的事情,充分激发自我参与学习的能动力;80%左右的学生能够具有根据讲评总结反思、改进提升自我的能力。

2. 学生普遍会分析实际问题中数量与数量之间的关系,会构建模型,将实际问题数学化,列出一元二次方程解决简单的实际问题。在解决实际问题过程中掌握应用题的步骤和关键。

3. 利用数学方法解决实际问题,感受数学在社会生活中的作用,在独合结合中,激发学习热情,形成互助合作学习的学习意识,树立学好数学的信心;在探究和解释模型构建的过程中,积极参与数学活动,体验成功的快乐。

本课以课前、课中、课后"三程"结合、整合实施基于独立学习与合作学习相结合的问题解决式学习,通过课前自主预习(探究)、课中独立学习、合作讨论、师生合作小结式,课外自主探究道路设计方案,解决长方形花坛设计、花坛小路设计等问题,来锻炼学生对一元二次方程的应用问题之一面积问题的解决能力。

(一)导入新课

教师:借助多媒体出示同学们秋游照片以及花坛图片,引导学生收集信息、画图,根据实际问题,引出常用的方法和方程,设元、列方程。教师倾听学生发言,注意随机激励和引导,听取学生回答并板书。展示例题:浦江郊野公园准备利用 24 米的栅栏和一侧墙体围成一个面积为 80 平方米的长方形地(简称花坛)用于种花,如果你是设计师,这些栅栏该怎么围? 引导学生独立探索方程没有解的原因,以及该如何进行设计改进。

学生:观、听、思,独立审题,举手回答问题。观、听、思不同同学介绍设计花坛圈围想法,理清数量关系,设未知数,建立解决花坛圈围实际问题的数学模型。

意图分析 这一问题源于刚刚结束的秋游,能引发学生兴趣,让学生在一系列的问题串中理清数量关系,建立数学模型,体会数学源于生活,并用于生活。

(二)教授新课

1. 独立解决变式 1

教师:随机巡视观察、激励,请学生通过投影仪展示自己的方法和结果,并讲评规范格式。展示变式 1:将面积为 80 m^2 的长方形地改为建一个面积为 72 m^2 的长方形地,该怎么设计? 提醒学生按照审、设、列、解、验、答六步加以完成。

学生:通过观、听、思,收集题目信息,独立进行审、设、列、解、验、答,完成面积缩减设计探究变式 1,并通过学案投影,听取随机激励和引导,自主内化建模方法和答题规范。

意图分析　继续锻炼学生数学建模思想；培养审、设、列、解、验、答六步答题规范和严谨的思维品质。

2. 合作交流变式2、3

教师：以小组为单位进行探索，给学生5分钟思考时间，每小组5人，至少4人全部能够书面完成时，选出最优两组上台展示过程和结果，进行小组加分。提问："在一侧开一个2 m的门，如何设计长方形地的长与宽？"接着提出变式3问题，"再增加一个条件：墙体可利用长度只有8 m"，请学生回答。引导全班学生对"验"这一环节加以重视。

学生：针对变式2，小组进行合作交流，讨论，建立数学模型，同时能力强的学生教会能力弱的学生。每位同学设计合理方案，书写在学案上，小组代表通过多媒体投影仪展示。学生通过观、听、思，回答变式2："因为长方形一面靠墙，等量关系为：长乘以宽为72，一长加两宽为26，有两种情况对应两种不同的栅栏设计。"针对变式3，鼓励学生积极思考，观察这道题与变式2的区别，直接回答。

意图分析　培养学生找等量关系，构建数学模型的能力并引导学生重视检验数据在现实中的可行性。同时通过小组合作竞争机制，活跃课堂气氛，把整节课的气氛推向高潮。

3. 独合结合变式4

教师：提出变式4问题：公园准备在长9 m，宽8 m的长方形场地上修筑若干条一样宽的道路，剩余的地方种花，已知种花的总面积是56 m²，班级学生积极参与设计，现选取学生设计方案：（1）根据已给设计方案，求出道路的宽。（2）自行设计一种方案，求出道路的宽。听取相关学生构建模型思路，并将问题（3）设置成课外思考题引导学生利用图形结构形同，启发学生进行图形变化，并体会图形变换是简化数量关系的一种重要手段。

学生：小组合作交流，讨论，优化模型，同时能力较强的学生教会能力较弱的学生，请优秀的小组代表通过投影仪展示成果。课后学生通过听、思、忆，进行独立及小组合作探究，小组成员独立设计内容，并附上详细的解决方案，小组其他成员帮助评价方案的正确性和最优性，内化素养。

意图分析　在现实背景下，增加"路"，通过变式，巩固教材知识；在这个教学中，同时拓展"思维宽度"，让学生体会图形变换是简化数量关系的一种重要的手段;在交流中增强独立与合作相结合解决一元二次方程问题的能力。

（三）评价总结

教师：借助 PPT 出示课堂小结引导文字：用一元二次方程解决实际问题要经历哪几个步骤？用一元二次方程解决实际问题的关键是什么？通过本节课，你还想学什么？要求学生独立思考，参与回答。

学生：回答并体会这节课内容，深入消化，了解一元二次方程解"面积问题"的关键。

意图分析　教师及时了解学生课堂掌握情况，采用归纳方式让学生自主观、听、忆、思，参与回答。

（四）作业布置

教师：借助 PPT 出示作业，要求学生课下独立完成作业，下次课上作交流，对完成得好的学生进行随机激励。展示必做作业（练习册）和选做作业（学案和校本习题集）。

学生：自主听、思、准备独立完成作业，下次课上参与交流，听取同伴随机激励，内化。

意图分析　借助多媒体布置作业，引导学生独立思考，参与回答。提高及时复习与完成作业的意识，巩固所学。锻炼独立复习和完成作业的能力，提升完成作业的能力。

四、意义揭示

通过本节课教学，学生明显感觉课堂上收获更多，学生的作业情况反馈出对知识点和模型的构建目标基本达成，取得了较好的课堂效果，主要有以下四点原因。

（一）符合马斯洛的需要层次理论

马斯洛提出人人都有对生理、安全、归属和爱，以及自我实现的需要。本节课中,学生通过小组合作交流学习,完成共同的任务,在群体中作出贡献,满足了尊重的需要,同时在小组展示中,满足了表现的需要。在讨论中,让每个学生都有发言权,分层给予学生不同的评价方式,促进不同学习水平学生情感的发展,使学生产生内驱力和学习的积极性,从而保证自觉地从事学习活动。课后,通过对三个不同层次(由高到低分别为 A、B、C)数学学习水平的学生进行访谈得知:A 层次学生认为,通过讲解题目,数学语言能力有了提高,数学学习兴趣更高涨了;B 层次学生认为自主学习的动力增强了;C 层次学生认为通过小组讨论,更有意识去参与课堂了,很愿意听同伴的讲解,知识点更清晰了。根据作业的情况,80%左右的学生能够很好、快速地完成课后作业。

(二)符合建构主义学习理论

建构主义学习理论认为,学习的过程并不是学习者被动地接受外界的知识,而是学习者主动地积累经验建构的过程。

首先,合作参与两次真实情境问题解决。本节课开始,利用刚刚结束的春游活动,将学生遇到的实际问题用图片展示,创设鲜活的学习情境,激发学生的求知欲和好奇心,提出与春游背景相关的实际问题,让学生在头脑中对一元二次方程应用知识进行图式建构,不仅促进学生高效的实现顺应和同化,还让学生能够深刻理解数学源于生活。开展合作探究,如变式 2 中,探索等量关系构建方程,认识问题多解性,组织学生以小组合作的形式展开讨论,抓住"长乘以宽等于面积,长加两宽为定长"的知识点,认识到从条件中挖掘隐含数量关系的必要性,并且通过小组成员的讨论,意识到问题的两解性,从而突破难点。教师则时刻关注学生的合作学习情况。

其次,教师引导,随机激励,口头引导加上板书追问,多种形式帮助学生建构知识。在问题 2 中,学生有不同的解法,通过小组讨论,小组展示,鼓励学生主动学习同伴比较好的解题方法。在学习过程中,教师随机激励并引导学生发现适当的图形重组更有利于简化运算,在讨论中一步步加深学生对所学知识的理解。

(三)符合社会互赖理论

首先,小组成员分工互赖。在进行分组时,根据学业成绩、性别、遵守纪律情况等方面的差异进行合理分组,形成"组间同质,组内异质"的结构,每个成员都为自己的学习负责,尽力做好自己的事情。运用小组积分和奖励推动小组合作解决变式2和变式4。

其次,小组学习目标互赖。在合作解决变式2的过程中,小组需要5人中至少4人能够解决问题小组才能加分,学习成效大小与个人是否尽力直接联系在一起.

第三,过程实践互赖。在小组学习目标互赖下,小组所有成员共同承担责任,学习能力较弱的学生在没有解决方法的情况下,为了给小组加分,会主动寻求小组其他成员的帮助,积极投入,共同探索解决方案。

第四,结果达成互赖。在合作学习中,小组成员相互支持和配合并不是漫无目的的,而是为了实现共同目标。例如,在小组合作讨论中,每个人都参与讨论,共同汇总方法和结果,并将小组结果呈现给大家,在这个过程中,小组成员拥有一个明确且共同的目标——在规定时间内,完成讨论,呈现观点。

(四)符合过程性变式理论

过程性变式理论告诉我们,要在教学过程中通过有层次的推进,使学生分步解决问题,积累多种学习经验。教师要在教学过程中,适当地搭建"脚手架",构建学生最近发展区以促进学生成长。本节课中,首先在不改变原始数据的前提下提出问题:利用一长加两宽等于24,长乘以宽等于80列出一元二次方程。其次,通过减少面积,然后通过变式2加设"门":一条边改变,让学生灵活建模,学会找等量关系。再通过变式3加设"路":长宽都改变,引导学生正确建模。再次,引导学生认识到恰当的图形变化有助于巧列一元二次方程。在课后,在作业中让学生自主设计合适的道路,并计算道路的宽,将探究不断深化。这一过程,逐步拓展学生思维,推进学生更高层次的数学思维发展,使学生完成对知识的了解、对问题规律的掌握、技能的巩固和思维的拓展与迁移。

(撰稿者:上海市进才实验中学　干芸)

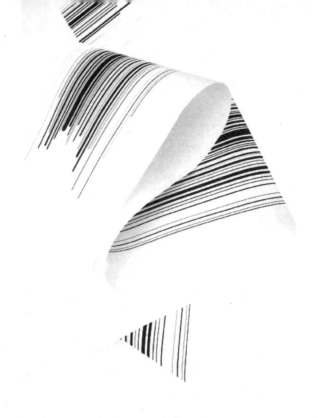

第五章

意义学习：塑造内在涵养

　　在实验式学习中，通过多种实验教学活动的设计，引导学生亲历知识形成的关键过程，逐步养成科学精神和良好的科研探究的行为习惯。在任务式学习中，引导学生提升阅读素养，培养合作赏析、完善习作等探究意识，增强面对挫折的韧性，培养热爱生活、积极探索和不懈追求的精神。在创客式学习中，将创客思想引入教学，在生命科学教学中加强对学生信息获取、加工处理、表达交流及运用等方面能力的训练，培养学生的逻辑思维能力、实践能力和开放分享意识，运用创客理念重构教育。

范型 5-1

实验式学习：在交融探究中发展科学素养

摘要 实验作为化学课程的重要组成部分，是学生进行科学探究最直接、最有效的方式，也是化学学科培养学生科学精神和良好行为习惯的重要途径。多种实验教学活动的设计，能提高学生学习过程的参与度、体验度。通过亲历知识形成的关键过程，透过实验现象抓住知识的本质，即事物的内在联系与规律。通过实验预习、实验准备以及实验方案的设计等学习活动，认识到必须事先科学统筹活动任务中各种要素间的关系，合理规划实验活动的步骤与方法，周密思考规避各种意外风险的措施，才能达成实验目的。通过实验探究、小组合作学习等活动的有效开展，增强纪律意识、安全意识，提高在学习、生活中的自我约束与控制。通过实验中的分工合作和分享交流，认识到科学研究既需要独立思考又离不开群策群力、集思广益，正确看待学习中的竞争与合作，养成团结协作、互助共赢的科学研究习惯。通过对实验现象的观察和结果的收集处理，认识到事实和证据对于科学研究的重要性，养成实事求是、耐心细致、严谨务实的行为习惯。

一、设计依据

（一）学情分析

初三学生在已经了解空气的成分及其用途的基础上，进一步认识氧气。但氧气对学生而言无色无味，看不见摸不着，在其头脑中氧气是一种供呼吸、支持燃烧的气体。教师要引导学生逐步学会用实验等方法认识物质（尤其是氧气）。由于学生在实验探究上刚起步，他们对实验探究的意识、信心及方法步骤，需要在老师的引导下，逐步增强、提高和掌握。同时，学生对实验现象的观察也刚刚开始，处于盲目阶段，需要老师引导学生通过对比观察不同物质在空气和氧气中燃烧的现象，增进对观察类实验的感性认识，锻炼对观察实验中的相关现象进行系统收集、准确描述的能力。教师对铁丝在氧气中燃烧和硫在氧气中燃烧的实验进行了改进，增加了在空气、氧气中燃烧现象的对比实验，在这一过程中，通过和学生间的讨论交流，使之能更快地认识氧气的化学性质，认识化学变化及其基本特征，激发学生继续参与化学实验探究式学习的兴趣。

（二）课标分析

《上海市中学化学课程标准》（以下简称"课标"）提出，对于身边的化学物质的教学要注重从日常生活和生产中选取学生熟悉的素材，注重引导学生通过观察和实验探究活动，认识物质及其变化。

因此基于课标的精神，本课拟利用演示实验和学生观察实验，尽可能多地使用对照实验，让学生在观察、对比中，更好地感知氧气的存在及其性质的活泼，对于研究物质的性质和变化规律形成一定的认识，激发通过自主观察实验、对比实验的学习活动方式来提高探索物质的兴趣，锻炼观察实验中对相关现象进行系统收集、准确描述的能力和进行对比实验的能力。

（三）教材分析

"氧气的性质"是上海教育出版社出版的《化学》九年级第一学期第二单元第二部分的第一课时，内容包括氧气的物理、化学性质与用途。选取与人类关系最为密切的天然物质氧气作为物质知识启蒙教育的素材，能帮助学生从化学视角进一步认识自然界中的物质及其变化与人类的关系。氧气是化学性质比较活泼的物质，它能与多种金属、非金属元素化合形成氧化物或含氧化合物。在第二单元的第一部分教材中已经介绍了空气的组成及主要物质的用途，学生在此基础上进一步认识氧气，符合学生已有的知识体系和认识规律。从介绍氧气的物理性质入手，通过带火星的木条、碳、硫、铁等几种物质在氧气中反应所发生的现象，总结出氧气的化学性质。通过学习氧气的性质能更好地理解氧气的用途,同时在做氧气的性质实验时,不仅培养学生的观察能力、分析能力,而且在实验活动的过程中,学生还能练习化学实验基本操作,为氧气的制取做好准备,也为后续学习二氧化碳的性质及制取做好铺垫,起到承上启下的过渡作用。

(四)实施形式

1. 合作猜想:验证式实验。在实验探究一环节中,首先要求学生讨论,猜测制作带火星的木条时,放在集气瓶口还是瓶中。接着引导学生进行实际操作,观察并验证实验猜测,得出科学结论,从而锻炼"合作猜想实验方法、进行实际操作、加强观察、得出结论"的实验能力。

2. 自主观察演示实验:合作探究实验式。在实验探究二、四环节中,要求学生观察教师演示铁丝、硫分别在氧气中燃烧的实验,通过观察、对比,归纳总结同一物质在空气中和在氧气中的燃烧现象,认识氧气的活泼性质,初步了解观察法和对比法在实验中的用法;演示实验中,教师做好规范的操作等安全示范,培养学生良好的实验规范。在实验探究三环节中,组织学生合作完成检验氧气和木炭在氧气中燃烧的实验,学生在进行实验前,进行合理的分工、各司其事,在合作中完成实验内容并通过与学案的整合培养自学能力和抓住学习重点的能力。

3. 情境式学习。在引入环节借助到西藏旅游会产生高原反应的现象,引出氧气的用途。在对比带火星的木条、铁丝、木炭分别在空气和氧气中燃烧的现象后,结合学生的生活常识,在学生的头脑中形成氧气浓度大小和反应程度的关系。

4. "三程"自主学习单引导学习式。"三程"自主学习单(具体参见附件)中——课前预习单,培养学生良好的自主预习习惯;课堂自主笔记单,培养学生观、听、思、记结合进行听课和对重点内容做笔记的能力以及及时记笔记的良好习惯;课后自主作业单,巩固氧气的用途、物理与化学性质等知识和实验基本方法,培养良好的自主完成作业习惯。

5. 随机激励式。在学生分组实验时,教师对于实验操作方法准确且实验现象明显的小组进行表扬;对于课堂上回答问题有困难,但是在教师引导下、同学们的帮助下能顺利回答问题的学生进行鼓励;在课堂交流中,对于能提出问题的学生予以肯定以及随机表扬。

二、教学目标

1. 了解氧气的物理性质和主要用途；初步掌握氧气的化学性质；继续锻炼自主预习、课堂笔记与课后作业能力。

2. 课前：经历在学习单引导下自主完成预习的过程，锻炼独自预习的能力，促进良好预习习惯的养成。

课堂：经历实验预习、准备以及实验方案设计、实施的完整过程，提高独立观察、描述实验现象的能力，进一步熟悉进行化学实验探究学习的方法，认识到物质变化是有规律的，规律是可以被认识的。[①]

课后：经历课后完成自主作业单的过程，巩固氧气的用途，物理、化学性质和实验基本程序与具体方法。

3. 培养自主预习、课堂笔记和课后作业良好行为习惯；培养实验中实事求是的科学态度；增进独立与合作相结合进行化学实验探究物质用途与性质的意识和兴趣。[②]

三、实践过程

本节课的主要教学内容是氧气的用途、物理性质和化学性质三部分。前两部分的内容比较简单，学生根据自己的生活经验或者阅读教材就可以了解，而氧气的化学性质内容不难，根据教材安排的演示实验就能得出氧气对应的性质，但是要使学生从中感受氧气的助燃性和关注实验的细节就需要教师重点引导和分析。四个教材演示实验分别是：带火星的木条在氧气中复燃；木炭在空气、氧气中燃烧；硫在空气、氧气中燃烧；铁丝在氧气中燃烧。其中实验一和二的安全性、成功率都比较高，而实验三的实验现象不太明显并且有有毒气体产生，实验四中有很多关系到实验是否能成功的因素，一旦有一个细节没有做到位，容易导致实验失

---

① 林美.学科核心素养与三维目标落实初中化学课堂教学——以《性质活泼的氧气》为例[J].课程教育研究,2018(33)：172-173.

② 饶琴."五环节"合作学习模式在初中化学教学中的应用研究[D].长沙：湖南师范大学,2014.

败,但是如果成功,现象将会震撼到学生。介于以上的分析,教师将四个实验进行优化、调整,力求最好的教学效果。

课前安排好各个小组,要求课中分小组合作完成实验,明确每一位同学的职责,有实验操作员、记录员、本组主要发言员和小组长,其中小组长的主要职责是管理本组组员不开小差、记录实验时间、提醒同学快速完成老师的各种指令。这样能使学生在实验操作时有时间观念,提高效率。具体实践过程如下。

(一)反馈预习情况,培养良好自主预习习惯和预习能力

教师:投影展示预习单,反馈课前预习情况——对预习有进步、质量好、速度快和存在的问题等情况,予以随机激励和引导完善。引入本课主题。

学生:独立观、听、思、记,内化。

意图分析 培养学生良好自主预习习惯和预习能力;激发学生及时和高质量地完成预习任务的兴趣。

(二)创设介绍氧气用途的视频情境组织学生自主观察、交流,初步理解氧气的用途,激发借助实验探究氧气性质的兴趣

教师:创设去西藏旅游需要带什么东西的生活情境,要求学生自主思考、讨论,说明氧气的用途。借助多媒体播放视频,介绍氧气的用途。

学生:观察、思考,参与交流,发表见解;说明氧气的用途。

意图分析 使学生初步理解氧气的用途,激发通过实验探究氧气性质的兴趣。

(三)引导学生观察桌上的气体,学会归纳氧气的物理性质,增强学习成功感

教师:引导学生观察桌上的气体,从颜色、状态、气味、密度、溶解性几个方面总结出氧气的物理性质;听取学生观察、思考、讨论、交流和概括的情况,注意随机激励与引导。

学生:根据要求,进行观察、思考,交流描述氧气颜色、状态方面的物理性质,但是不能联想到溶解性和密度;通过联想养鱼时需要在鱼缸中鼓空气说明氧气不易溶于水,通过查阅数据得出氧气密度大于空气密度。

意图分析 培养学生观察、思考、讨论和把握概括要素的能力；得出描述气体的物理性质要从颜色、状态、气味、溶解性、密度等几个方面进行归纳的结论；增进独合结合进行观察、思考、讨论、交流和概括的兴趣。

（四）组织通过合作实验探究的方法获得氧气的化学性质，锻炼实验方法探究能力，增进合作实验探究兴趣

教师：要求学生小组合作讨论如何设计实验证明一瓶气体是氧气，并进行合作实验尝试证明；随机巡视，了解学生的实验方法与设想，观察其尝试进行的实验的成果——视情况随机激励与引导。

学生：听、思；根据要求，参与交流如何制作带火星的木条，合作将带火星的木条缓缓放入集气瓶中，重复几次，观察现象，感受放在瓶口和瓶中的区别，得出检验氧气的具体操作方法（见图 5-1）。

图 5-1 学生用带火星的木条检验瓶中的气体

意图分析 培养学生小组合作交流、设计实验方法，进行实验证明氧气性质的能力；增进合作实验探究的兴趣。知道可以通过分析、推理、实验探究等方法研究、认识物质的特征，建立证据推理意识。

教师：对铁丝燃烧实验进行改进（见图 5-2），与学生合作演示铁丝在氧气中燃烧实验——要求学生注意多媒体上所展示的提示，并同步填写学案相关内容。

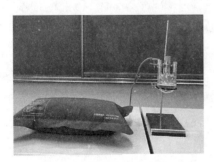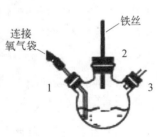

图 5-2 改进设计后的铁丝在氧气中燃烧的实验装置图及示意图

改进内容：

改进实验装置：将反应容器集气瓶改成三颈瓶，在三颈瓶中事先装少量水，以盖过 1 处导管口为准；在 1 处连接氧气袋，以提供足量的氧气；2 处用塞子塞紧，并且装有下端系有火柴梗的铁丝；3 处塞单孔塞，打开瓶塞就可以用来检验瓶中氧气是否收集满。

改实验流程：缓缓挤压氧气袋一段时间，通过观察产生气泡的速度，了解进入三颈瓶中氧气的流速；将带火星的木条放在 3 处导管口，检验瓶中气体是否收集满，若木条复燃，说明已经收集满；点燃一端系有火柴梗的铁丝，待火柴梗将要燃尽时，将装有铁丝的塞子塞到 2 处；观察实验现象，如需要，可以再轻轻挤压氧气袋补充氧气，对比观察铁丝在氧气中和空气中的不同燃烧现象。

改实验形式：课本安排的是教师演示，该实验改成师生合作完成，教师负责检验是否收集满氧气，并指导学生挤压氧气袋，观察气体流速，将铁丝引燃并放入三颈瓶中。教师展示炸裂的瓶底，给予学生视觉上的冲击，警示学生在做该实验时必须在瓶底放水或细沙。

学生：根据提示和教师随机引导，观察演示实验；自主填写学案、思考，参与交流，内化实验方法。

意图分析　使学生在引导下，通过小组合作观察演示实验；自主填写学案、思考，参与交流、分析比较，了解浓度、接触面对反应的影响，把握铁丝在氧气中燃烧的实验细节；实验装置的改进让实验现象更加明显，提高学生的科学探究和创新意识；强调关注实验操作的规范性和实验流程中的细节，使学生养成良好的行为习惯，锻炼相应基本程序性能力；师生合作让其他学生有代入感，增加独合结合的兴趣。

教师：首先带领学生回忆生活中看到的木炭燃烧的现象；其次展示教材中的实验步骤，规范实验操作，组织学生小组合作进行木炭在氧气中燃烧的实验（见图 5-3）；接着同步记录实验情况和结果；最后随机观察、指导学生完成实验。

学生：根据多媒体、导学单和听取教师随机提示，小组合作完成木炭在氧气中燃烧的实验。预期主要把握以下三点：（1）根据生活经验，木炭在空气中燃烧放热，发出红光。（2）了解具体操作步骤和方法。（3）小组合作进行实验，对比木炭在空气中和氧气中燃烧的实验现象；得出相应结论，并将结论记录在导学单上。

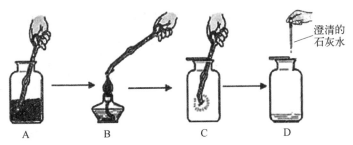

图5-3　木炭在氧气中燃烧实验操作示意图

意图分析　培养学生根据生活经验进行实验设想、了解实验步骤和方法,进行小组分工协作开展实验、记录对比、分析、概括实验结果的能力;增进小组合作实验探究的乐趣;促进遵循实验设计、开展实验与记录、对比分析实验数据、得出实验结论良好实验步骤性习惯的养成。

教师:展示硫粉、介绍硫,要求学生自主观察;利用三颈瓶①进行实验(见图5-4),说明实验装置的作用,增加检验二氧化硫和吸收二氧化硫装置,演示硫在氧气中燃烧实验。

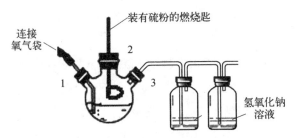

图5-4　改进设计后的硫粉在氧气中燃烧的实验示意图

学生:自主观、思、记;内化以下实验知识与技能:(1)了解硫,知道硫燃烧会生成二氧化硫,导致酸雨等环境问题;(2)通过了解改进装置,培养环保意识;(3)观察、填写学案。由于反应持续进行,能够观察到很明显的蓝紫色火焰,学生发出一阵阵欢呼声。

意图分析　培养自主观察教师演示实验、进行记录、对比分析的能力。培养

---

① 曹年华.巧用三颈瓶,探究氧气的性质[A].第五届中国教育技术装备论坛获奖论文集(中)[C].北京:《中国教育技术装备》杂志社,2014:505－507.

严谨求实的科学态度,树立可持续发展的意识和绿色化学观念。

(五) 组织合作总结,锻炼系统概括能力,增进化学是研究物质的一般思路的意识

教师:组织学生讨论、回忆氧气的组成、结构、性质和变化规律,随机进行引导,从而得出氧气是一种性质活泼的气体。组织学生讨论、交流,随机进行引导,从而得出化学是一门研究物质的组成、结构、性质以及变化规律的自然科学。

学生:参与讨论、回忆,听取随机引导,总结氧气的组成、结构、性质以及变化规律;听取随机引导,了解研究物质的一般思路。

意图分析 锻炼学生小组合作讨论、回忆、交流、归纳总结的能力;增进化学是研究物质的一般思路的意识。

四、意义揭示

通过实践和反思,取得了较好的教学效果。主要原因有三:

(一) 独立学习和合作学习的学习方式符合多元智能理论

1983 年,美国哈佛大学发展心理学家霍华德·加德纳提出了"多元智能理论"[1],该理论提出人类的智能可分为八大方面:语言智能,逻辑数学智能,空间智能,音乐智能,人际智能,身体运作智能,内省智能,自然探索智能。从多元智能理论来看,不同的学生智能有不同的组合,不同的智能组合表现出学生个体的差异,每个学生都有自己的优势智能,也有劣势智能。采用独立学习和合作学习相结合的教与学的模式展开教学,使每一位学生都能参与到课堂中,发挥自己的特长,有的善于动手、有的善于表达、有的善于记录,在合作中,学生能够以优势智能去弥补劣势智能,同时把自己的优势更加扩大化。

我们必须承认学生间学科发展存在着客观差异,但正因差异而需要交流,因交流而互鉴,因互鉴而发展。"独立学习"和"合作学习"相结合的教与学的活动可

---

① 张冬梅.多元智能理论述评[J].新课程学习(学术教育),2010(08):130 - 131.

以促进差异化的学生在各自的基础上得到提高。因此,教师通过将"独立学习"与"合作学习"有效整合,重构教学过程与环节,安排了演示实验和学生实验,在生生合作、师生合作中共同探讨进行对比实验,进行实验的改进,让学生从多重感官上认识、理解相关知识,既提高了学生对知识的把握,又增强了学生科学探究能力,激发了学生对化学学习的兴趣,培养了学生的化学核心素养。作为一线教师,如何在不增加学生课业负担的前提下,调和、把握好"合作学习"与"独立学习"之间的关系和尺度问题,教师和教师专业团队还会继续摸索。

(二) 依据学生的学科能力设计和安排探究活动符合建构主义学习理论

建构主义认为,知识不是通过教师传授得到的,而是学习者在一定的情境即社会文化背景下,借助其他人(包括教师和学习伙伴)的帮助,利用必要的学习资料,通过意义建构的方式而获得的。[①] 在教学中教师根据学生已有的知识和技能,设计各种活动,有利于学生主动构建知识。本节课中学生已经学习了简单的实验操作技能,了解了一些氧气的用途,由用途引出对氧气的性质的研究,再安排检验氧气和木炭在氧气中燃烧的学生实验,而铁丝、硫粉分别在氧气中燃烧的实验则设计成教师演示,但是并没有按部就班地按照教材的方式实施,这一系列的设计激发了学生学习的兴趣。教师通过创设符合教学内容的情境帮助学生建构当前所学知识,整个学习过程以学生为中心,引导学生把所学知识进行建构、联想、升华。

(三) 随机激励提高学生的自信心和成就感

激励理论是一种研究影响人的行为因素以及怎样激发人的动机,改变人的行为的心理学理论,通过合理地设定目标,使学生建立自信心。教师通过适当的奖励,及时、准确地反馈学生的良好表现,激发学生学习化学的兴趣。在本节课中教师设计一个个具有坡度的问题,从低到高、由易到难,让学生在独立思考和合作讨论以及实验体验中得到满意的结论,树立学好化学的信心。如在检验氧气的一个环节中,教师提出如何检验氧气,学生回答用带火星的木条;教师再追问,如何制

---

① 杨维东,贾楠.建构主义学习理论述评[J].理论导刊,2011(05):77-80.

作带火星的木条,学生讨论后回答;教师继续提问,具体如何操作,学生讨论后回答将带火星的木条放在瓶口;教师提出放在瓶口和瓶中的现象会有何不同,学生进行实验操作体验不同现象,明确得出检验氧气的一般方法。在整个过程中,教师采用肢体、语言、眼神等方式鼓励学生进行表达,指导学生进行实践,及时给予肯定和表扬,利用成功激励法让学生体验成功的愉悦感和成就感。

（撰稿者：上海市进才实验中学　陈伶俐）

范型 5-2

任务式学习：注重情感体验　提升阅读能力

摘要　任务驱动教学法是建构主义突出的交互式教学方法，既能充分调动学生的自主能动性，也能培养学生在学习中的合作意识及合作能力，同时实现语文教学技能训练的要求。文章以《再塑生命的人》的教学为例，从课前预习、课中学习与课后任务三个方面，运用"三程"式学习单对语文教学法课程中任务驱动教学法的应用，进行了实践。

一、设计依据

（一）学情分析

初一年级学生的语文学习能力还处于起步的水准。体现在阅读能力上，学生基本能以每分钟 500 字的速度以默读的方式完成一篇文学作品的阅读，并能相对准确地理解作品的主旨，比较好地把握作品中的人物形象，相对准确地体悟到作者的情感和态度。但在体味和推敲重点词句在语言环境中的意义和作用方面，学生时有分析失当的问题，或是未能找准关键词句，或是未能将前后文有效联系，又或是未能准确把握作者的感情，导致作品理解出现偏差，对作品中的人物形象未能准确定位，对作者的写作意图把握有误，阅读能力有待提升。日常阅读教学中，常常开展自主阅读和合作阅读的学习方式，学生独立学习和合作学习相结合（简称"独合结合"）的语文学习经历较为丰富。

基于以上学情,确定本课以课前、课堂、课后"三程"结合整合实施基于独立学习与合作学习相结合的语文阅读式学习等"七式",来锻炼、提升学生的阅读素养。即课前布置学生独立预习课文,理清文章的写作思路,概括文章内容;课上以教师引导下的学生"独合结合"的朗读、默读、精读、跳读、对比阅读等阅读式学习为主,结合合作评价式、圈画批注式与体验感悟式学习,学习、体会阅读纪实类文学作品的方法;课后引导学生继续阅读完整文学作品,以增强学生自主阅读意识。了解纪实类文学作品的特点,能让学生调动已有阅读经验,选取恰当的阅读方法来阅读同类的文学作品,初步掌握阅读纪实类文学作品的具体方法,提升阅读素养。培养学生合作赏析、评价素养和完善习作的探究意识,增强学生面对挫折的韧性,培养学生热爱生活、热爱学习、积极探索和不懈追求的精神。

(二)课标分析

教育部《全日制义务教育语文课程标准》(以下简称《课程标准》)(2011版)中指出:具有独立阅读的能力,学会运用多种阅读方法。有较为丰富的积累和良好的语感,注重情感体验,发展感受和理解的能力。能阅读日常的书报杂志,能初步鉴赏文学作品,丰富自己的精神世界。

就七至九年级的阅读而言,《课程标准》指出:能用普通话正确、流利、有感情地朗读;养成默读习惯,有一定的速度,阅读一般的现代文,每分钟不少于 500 字。能较熟练地运用略读和浏览的方法,扩大阅读范围;在通读课文的基础上,理清思路,理解、分析主要内容,体味和推敲重要词句在语言环境中的意义和作用。对课文的内容和表达有自己的心得,能提出自己的看法,并能运用合作的方式,共同探讨、分析、解决疑难问题。在阅读中了解叙述、描写、说明、议论、抒情等表达方式。能够区分写实作品与虚构作品,了解诗歌、散文、小说、戏剧等文学样式。欣赏文学作品,有自己的情感体验,初步领悟作品的内涵,从中获得对自然、社会、人生的有益启示。对作品中感人的情境和形象,能说出自己的体验;品味作品中富于表现力的语言。

本课拟对《再塑生命的人》以课前、课堂、课后"三程"结合整合实施基于独立学习与合作学习相结合的语文阅读式学习等"四式",通过开展个人、组内、全班等多元的评价交流,在自我改进和互启互发、互动互助的学习过程中,增强学生文学作品鉴赏意识,使学生了解默读、精读的特点,能调动已有的阅读经验、知识积累、情感体验,基本掌握默读和朗读相结合、跳读与精度相结合、略读与圈画批注相结合的阅读方法,提升阅读素养,并培养学生合作赏析、评价素养和拓展阅读的意识,增强学生面对挫折的韧性,培养学生热爱生活、积极探索和不懈追求的精神。

(三)教材分析

本课课文出自人民教育出版社出版的教育部审定义务教育教科书(五四学制)七年级上册第三单元第 10 课《再塑生命的人》。课文节选自美国作家、教育家海伦·凯勒的散文作品《假如给我三天光明》,讲述了海伦变成盲聋哑人后的生活。刚开始的海伦对于生活是失望的,用消极的思想去面对生活,情绪非常暴躁,常常发脾气,扔东西。她感觉现实生活中没有爱,她是多么希望能重新得到光明。海伦的父母几经努力,帮她找到了一位老师——安妮·莎莉文老师,这位老师成为了海伦新生活的引导者,使海伦对生活重新充满了希望,充满了激情。在安妮·莎莉文老师耐心的指导下,海伦学会了阅读,认识了许多的字,这让她知道了爱,感受到了身边无处不在的爱。一篇好的散文,必定是作者至性真情的流露,它所以能深深地打动读者,在于它真挚而强烈的感情,在于它给予读者的敞开心扉的亲切感。在这篇用第一人称写的、富于激情的作品里,作者用饱含炽热情感、又富有诗意的语言回顾了她和安妮·莎莉文老师的初识时光,生动展现了老师如何改变她、改造她的过程,情感诚挚而动人。安妮·莎莉文老师的教育智慧和博爱情怀无疑令人非常感动,而海伦的坚强、好学、感性更加令人动容,这一切,都值得学生好好学习。

教材中建议的本单元学习目标有二:了解不同时代少年儿童的学习状况和成长经历,感受到永恒的童真、童趣、友谊和爱;重点学习默读,不动唇,不出声,不指读,不回看,一气读完全文,保证阅读感知的完整性和一定的阅读速度,学会在阅读中把握基本内容,了解文章大意,重点关注文章标题、开头、结尾以及文段中的关键语句。在前一单元即第二单元的阅读教学目标中提到要继续重视朗读,把握文章的情感基调,注意语气变化、节奏的变化,在整体感知全文内容的基础上,体会作者的思想感情。

这篇文章是一篇抒情性比较强的散文,也是一篇自读课文,很适合将朗读和默读法结合起来学习,也适合运用"独合结合"的方式展开学习。

二、教学目标

1. 学生能在 3 分钟内完成课文的默读,达到每分钟 400 字左右的默读要求。

2. 通过对文中人物描写语句、富有表现力的词句的圈画和赏析,感知文中人物形象;通过对文中抒情性语句的圈画和赏析,体会直接抒情的表达效果,并体会文章多种表达方式综合运用的好处;学习文章运用第一人称,强烈地表达情感、让文章富有感染力的写作手法。

3. 学生通过对人物语言、行为的分析,感知到海伦·凯勒对老师的感激之情,并且感知到海伦·凯勒顽强的意志、对世界充满好奇心和求知欲的可贵精神,从海伦·凯勒的身上汲取到直面挫折的勇气和意志。

三、实践过程

本课以课前、课堂、课后"三程"结合整合实施基于独立学习与合作学习相结合的语文阅读式学习等"七式"作为整体设计思路,来增强学生使用多种阅读方法的意识,使学生初步掌握默读、精读等一般方法,从而提升阅读效率。落实安排概述如下。

课前:通过自主阅读课下注释、查阅工具书,朗读课文并完成练习册练习及预习单。

课堂:实施基于独立学习与合作学习相结合的语文阅读式学习等"七式",分六个环节具体展开。

课后:重新阅读《假如给我三天光明》一书(计时阅读,以 500—550 字每分钟为标准),撰写读后感,或根据课堂研讨的内容以安妮·莎莉文的视角改写课文。

具体实践过程描述如下。

(一)回顾阅读经历,导入新课

教师:回顾学习内容《秋天的怀念》,由史铁生先生的经历引入本文学习。文章标题中有几个人? 谁再塑了谁的生命? 多媒体出示基本字词,随机抽查学生字词积累完成情况。

学生：朗读文章标题并思考提问。结合课前预习单谈自己对海伦的认识。

意图 培养学生注意自主回忆阅读经历和增进阅读课文时的"读题"意识。

（二）默读课文，整体把握

教师：借助多媒体，出示默读课文要求：限时 3 分钟；默读基础上圈画，根据课程导学单，独立填写海伦经历的相关内容。

学生：独立默读课文，圈画、思考，并按照要求填写相关内容。

意图 培养学生根据明确的阅读任务独立进行默读、精读和跳读的能力。

（三）略读圈画，理解内容

教师：提出默读要求，并出示问题：安妮·莎莉文老师的到来，给海伦带来了截然不同的生活，文中如何表现这种不同？

学生：默读课文，圈画关键词，并填写课堂学习单相关内容。

意图 培养学生独自利用圈画批注关键语句梳理文章主要内容的能力，训练学生概括能力，训练学生逻辑思维能力。

（四）精读课文，分析形象

教师：总结上一环节学习内容。精读课文，转换叙事视角，提出新的阅读要求：安妮·莎莉文是怎么做到创造这样的"奇迹"的？换一个叙事视角，假如从安妮·莎莉文老师的角度来写，文章哪些内容可以保留？哪些内容要删除？哪些改为详写？哪些改为略写？

学生：读课文，小组合作完成叙事材料重组。

意图 培养学生在自主阅读、圈画批注、合作讨论中，进一步熟悉跳读、圈画批注的方法；强化学生合作梳理、提炼、归纳的能力；增进"独合结合"进行跳读、圈画批注、梳理、提炼、归纳的兴趣。

（五）朗读鉴赏，体悟感情

教师：对这样的老师，海伦有着怎样的情感？作者是怎样表达出这样的感情的？找到相关语句。文章的感情表达方式和以前学习过的《秋天的怀念》有什么不同？结合《秋天的怀念》的相关语句回答。

学生：朗读课文，关注重点词句，并思考、讨论。

意图 锻炼学生独自朗读、默读、圈画相关词句和说明作者表达的感情、同学互动评价、进行比较的能力，提升学生正确理解作品情感的能力。

（六）领会意图，课堂总结

教师：你如何理解作者的写作意图？学习课文后，对你有怎样的启发？

学生：思考、小结。

意图 培养学生参与交流、加深理解文章主旨的能力。培养学生独立学习与合作学习结合小结全课学习情况和进行梳理归纳的能力；增进小结意识。

（七）课后阅读，内化吸收

教师：课外阅读《假如给我三天光明》并撰写读后感，或以安妮·莎莉文的视角改写课文。批改学生小作文，对读后感进行评价，挑选优秀作品，下次课进行交流。

学生：学生阅读书籍，撰写读后感、小短文。学生感悟人物精神并内化。

意图 培养学生独自进行拓展阅读的良好行为习惯；加深对作者所表达情感的理解；锻炼学生自主梳理、概括和参与交流的能力。

四、意义揭示

（一）彰显了阅读"七式"学习在提升学生阅读素养与独立学习与合作学习相结合学习方式素养方面的独特价值

根据教学内容以及学习目标，通过独立计时默读、独立个别朗读、合作齐读、合作赏读、合作比较阅读等多种阅读方法的变换、综合运用，不仅保证了课堂学习中学生的广泛参与，也调节了课堂教学的节奏，更有效地激发了学生对课堂学习的兴趣，更好地达成了课堂学习目标。课堂中信息技术的运用以及及时的随机激励，也能够调动学生学习的积极性以及继续参与、沉浸于课堂学习的积极性。

通过独立默读,学生初步掌握文章内容;通过独立赏读和合作赏读相结合,学生初步并深入了解人物形象,对文章的语言表现力也有了比较深入的认识;通过学生合作进行文章改写,通过合作学习开展比较阅读,学生对文章的整体语言风格、表现手法、叙事视角等有了更加深入的认识,也对今后在语文学习中赏析文章的一般角度和方法有了更加深入的认识。

通过课前预习单、课中导学单以及课后任务单的精心设计,不仅让学生养成了良好的预习和复习习惯,也帮助学生在课堂上更积极、更有效地思考,让学生在学习中更有规范意识。

课堂教学中"教师示范"环节,不仅为学生树立了赏析阅读的基本规范,也让学生在模仿和实践中提高了学习效果。

(二)符合激励理论

斯金纳的新行为主义激励理论认为,在教育中运用肯定、表扬、奖赏或否定、批评、惩罚等强化手段,可以对学习者的行为进行定向控制或改变,以引导到预期的最佳状态。教师在课堂教学中的随机激励,对学生即时的学习积极性、学习状态甚至思维的活跃度都能起到积极的引导作用,从而达到提升课堂学习有效性的结果。

(三)提升学生阅读素养

1. 多种阅读方法综合运用素养方面。100%的学生具有了多种阅读方法综合运用的意识,100%的学生熟悉朗读、默读、精读的一般方法和要求,初步掌握了比较阅读的方法。85%左右的学生能够准确地找到文中抒情性的语句,并通过这些语句感知作者的感情,分析文中的人物形象。50%左右的学生能够语气恰当、停顿得宜、有感情地朗读这些抒情性语句。50%左右的学生能够全面地概括人物形象,理解作者第一人称叙事的原因和意图。

2. 独立学习和合作学习相结合的阅读式学习素养方面。100%的学生能准确、流利地朗读课文,85%左右的学生能够在 3 分钟内默读课文,并准确地概括课文内容。65%左右的学生能够通过合作学习,改换叙事视角重组叙事内容,从而理解作者的写作意图。根据学生的反馈,100%的学生完成了《假如给我三天光明》的课外阅读,85％左右的学生能够以550—600字每分钟的速度完成全书阅读。

3. 学生情感态度、价值观方面。学生基本都能感知到海伦·凯勒对老师的感激之情,并且感知到海伦·凯勒顽强的意志、对世界充满好奇心和求知欲的可贵精神,从海伦·凯勒的身上汲取到直面挫折的勇气和意志。

4. 学生语文素养提高方面。通过课堂上赏析阅读等教学环节的实施,培养了学生的语文阅读思维,提升了学生的语言表达、篇章鉴赏能力,增强了学生的语文审美意识。

（撰稿者：上海市进才实验中学　张玉琳）

范型 5-3

创客式学习：在自主图解中理解生命科学理论

摘要 "创客"指的是勇于创新，努力将自己的创意变成现实的人，创客教育指将创客思想引入教学中，强调培养学生的逻辑思维能力、实践能力和开放分享意识，旨在运用创客理念重构教育。现代化的生命科学教学突出对学生在信息获取、信息加工处理、信息表达和交流以及信息技术运用的训练，使得学生的发展符合信息化社会发展的方式。

《上海市中学生命科学课程标准》的课程理念指出，"生命科学在教学中设计并注重研究性学习，引导学生通过多种探究活动学习科学方法，理解科学概念原理，获得科学结论，特别是学生的自主探究学习，对改变学生被动的学习方式有重要作用"。生命科学中有一些文字概念对于学生而言比较抽象和复杂，是学生学习的一个难点，而教材为这些科学概念配置的简图多数不足以帮助学生深入理解科学概念的内涵。因此，本文提出让学生自主图解课本文字概念，在教师的引导下，进行课前、课堂与课后"三程"的"创客式"学习活动，围绕培养学生"独立学习与合作学习相结合"的能力，在一堂课中用计算机将教材中文字表述的"生态系统中的能量流动"概念进行图形化设计和表达。用任务驱动法促进学生长时段专注地思考和探究科学概念的含义，并在图文结合的基础上加深对科学概念的理解，在强化记忆的同时，锻炼学生逻辑思维和创造性表达的能力。

（一）学情分析

初二（6）班的学生在已学习生物类群的基础上，继续学习生物与其生存环境之间的联系。在初二生命科学第五章生态系统的学习中，学生通过第一节"生物与环境"的学习，知道了环境可分为非生物环境和生物环境，生物的生存离不开环境，不同的生物对环境有不同的适应方式。学生经历过本学科和其他学科的"独合结合"多元化教与学方式的学习过程，对本课课前、课堂与课后"三程"拟用的数字技术 PowerPoint（演示文稿，以下简称 PPT）软件功能比较熟悉，对于"独合结合"将教材的文字概念用数字化图形的方式加以表达有兴趣，但素养还需要进一步加以培养。本课涉及的"生态系统能量"这个概念对于学生而言比较抽象，且生态系统中的能量流动过程较为复杂，是学生学习的一个难点。整体上，学生对于学习过程中的随机激励是欢迎的。

（二）教材分析

"生态系统的功能——能量流动"是上海教育出版社出版的《生命科学》八年级第二学期第五章第二部分的第二课时内容，包括生态系统中能量的输入、利用和耗散三个方面。第五章的第一部分，教材阐述了生态系统是由非生物成分和生物成分两大部分组成，生物成分区分为生产者、消费者和分解者，然后进一步引出食物链和食物网的概念。学生在此基础上学习能量在食物链中的流动过程，理解食物链是能量流动的主要渠道，符合学生已有的知识体系和认识规律。也可通过学习生态系统中的能量流动更好地理解生态系统的功能，但生态系统的组成成分复杂，生态系统能量流动涉及的因素很多，而对于这个较为抽象的概念，课本上用大段文字解释了能量流动的理论，配以简图说明了各要素的大致关系，不利于本学段学生对这个抽象概念的理解。

二、教学目标

1. 能说出能量的来源是太阳的光能，能量流动的主要渠道是食物链；知道能量传递的过程中伴随着能量的丧失的原因;理解生态系统中能量流动的一般规律是能量单向流动,逐级递减。

2. 通过自主查阅资料,锻炼独立学习的能力和利用网络信息获取知识的能力。经历小组合作将想法变成实际作品,展示作品,交流意见,回归知识本体(建立模型图示),体验小组讨论法、讲授法、计算机操作法、展示法、反思改进法、比较分析法,培养利用信息技术创作展现抽象科学概念的图像的操作能力。经历从具象到抽象的方法使思维得到发展,丰富创客活动经验,培养反思、再次创作和提升的创客活动能力。

3. 通过对生态系统能量流动的深入学习,培养对生活环境的热爱,提高对生态系统的保护意识。培养对于在创造中学习的创客式学习方式的兴趣,激发用创造作品的方式进行科学抽象概念学习的热情,提高将设想转化为作品的兴趣和动力。

三、实践过程

本节课围绕培养学生"独立学习与合作学习相结合"的创客式学习能力,将教材文字表述的"生态系统中的能量流动图"(简称生态能量流动图)概念,进行图形化表达,并用数字技术加以深化,学生参与分享、评议、反思与改进,锻炼相应的能力,尤其是具象—抽象思维能力,提高创意表达文字概念的素养,提升进行"独立学习与合作学习相结合"的创客式学习的意识、能力和良好的行为习惯"三素养"。

(一) 导入新课

用思维导图复习生态系统的概念,用生物之间的捕食关系图复习食物链的概念,用"生物进食的目的是获取营养物质和能量"这个知识点来引出生态系统能量流动的概念。

意图分析 通过独立学习与合作交流,巩固基础知识,增进复习意识,并为新理论知识的学习做准备。

（二）新课教授

准备环节：

1.组织学生独立阅读课本中生态系统能量流动的概念。学生在课堂上发言交流自己对课前预习单上问题的查阅、思考的结果。

2.基于生态系统能量流动的多要素和复杂性，鼓励学生创作计算机绘图作品，生动具体地表现出生态系统中能量流动的过程，并用光合作用为例，说明图解文字形式的理论概念的意义。

3.组织学生针对以下问题谈谈构图设想：（1）在计算机中可以用什么来表现生态系统中的各种组成成分？学生回答后在黑板上贴出这个成分的名称。（2）林德曼定律的意思是什么？可以用什么表现出生态系统中的能量是在流动的？（3）可以用什么表现出生态系统中的能量是在被消耗的？

4.演示利用 PPT 软件制作生态系统能量流动图的操作方法。

意图分析　锻炼学生自主分析大段文字形式的科学概念的能力，鼓励学生尝试创客式学习的方式，用创造作品的方式进行科学抽象概念的学习。

制作环节：

1.组织学生打开 PPT 空白演示文稿，打开存储素材的文件夹（文件夹中包括动物、植物、微生物和自然环境的照片、矢量图、卡通图案、不同颜色和大小的箭头、生活常见图标等素材，以及图片格式的文字）。

2.组织学生在组内进行讨论；鼓励小组成员在稿纸上画草图表达个人设想；提示学习小组中的操作员注意时间。

3.提示小组成员检查本组方案的科学性，素材的摆放有无遗漏或多余。

4.巡视各小组的创作进展，对于进展较慢的小组给予一定提示和帮助，进行有针对性地激励和指导。10 分钟后，提示各小组标记小组编号，停止计算机操作。

意图分析　锻炼学生小组合作设计构图、合理选材加工构图、独立思考提出改进建议和小组合作合理采纳建议优化构图能力，增进学生个人和小组在完成"三程"相关"独合结合"学习任务时的参与性，提高认真程度、完成质量和完成速度。

评议环节：

1.组织各小组展示小组合作创作的作品。组织小组之间互相评论作品的优、缺点,评论作品的科学性、创造性、美观性等等。

2. 教师对各个小组的作品加以肯定和赞许,如果存在学生没有发现的科学性错误就指出来并引导学生思考错误的原因,组织学生修改作品,将修改后的作品再进行展示。

意图分析 锻炼在以小组为单位的创客式学习活动中合作进行创意分享、评议和反思的能力。评价学生作品时以鼓励为主,激励学生对创客式学习的热情和信心。

归纳环节:

1. 组织学生对比每个小组创作的作品,独立思考并说出这些作品的共同点,帮助学生综合分析,生成生态系统能量流动的模型图示,以此完成本节课的知识小结。

2. 引导学生思考生态系统能量流动理论对人类生产生活的意义,举例说明能量流动理论的实践意义。

3. 布置课后任务:可以用什么媒体技术来呈现生态系统中能量流动规律是单向流动,且逐级减少?

意图分析 在创客式学习活动中使学生完成从具象到抽象的认知过程。学生经历从独立思考到综合多人学习成果得出理论知识的过程,感受合作学习的高效性,在"独合结合"学习过程中提升生命科学"理性思维"的核心素养。

四、意义揭示

(一)创作能量流动图符合"创客教育"设计思维的使能方法论

设计思维在设计领域应用时注重以人为本,在教育领域应用时注重培养学生的创新精神与问题解决能力,是一种以学生为中心的体验式学习和探究式学习,具有成熟的方法体系。"创客教育"强调学习情境的真实性,注重问题发现、自主探究和问题解决,最终的学习成果大多是一个作品。虽然"创客教育"的研究领域中关于方法论的研究尚在探索阶段,但其精神与设计思维的理念不谋而合,所以说设计思维是"创客教育"的使能方法论。[①] 教师组织学生通过创造图画作品——生

---

① 李彤彤.基于设计思维的创客教育教学模式设计与应用研究[D].上海:华东师范大学,2019.

态系统能量流动图,来学习一个课本上用文字描述的科学理论,符合"创客教育"中体现设计思维的内涵。学生在活动准备阶段自主查阅资料,在讨论方案时提出个人见解,表达对创作能量流动图的设想,在实践操作过程中设计出多种表现能量流动方向的箭头组合形式,在优化方案的环节对作品进行评议,并在此基础上提出新的设想和表现手法。学生是学习活动的中心,体验了设计过程,获得了探究成果,增强了学习兴趣和学习能力。

(二)"独合结合"的学习方式符合建构主义学习理论

建构主义认为,知识是主动建构的,而不是被动接受的。因此,学习不是由教师把知识传递给学生,而是一个由学生自己建构知识的过程,这需要靠学生根据自己先前的知识经验主动建构。学生个人知识经验有限,在自主探究遇到瓶颈时,与同伴的合作学习则是建构知识的有效途径。学生先独立复习生态系统能量流动要素,查阅资料,形成一定的知识经验,再在课堂上进行合作交流,讨论并实施方案,将能量流动的过程科学完整地表现出来。学习能量流动理论的过程不是简单被动地接收信息,而是主动地记忆、理解和应用知识,即自主完成建构知识体系。

(三)用创作任务驱动科学概念的学习符合学习动机理论

学习动机是指引起个体学习的某种内部动力,这种动力让学习有一定目标从而满足某种需要,表现为学习的愿望、意向或兴趣等,对学习起着鞭策作用。[①] 能量流动这个科学理论概念的学习,内容本身较难引起学生兴趣,本课例将创作一幅生态系统能量流动图作为课堂任务,学生对创作任务感兴趣并为此而学习知识,最后完成了作品并得到了乐趣,收获了成功的体验和能力的提高。作品评议活动也让学生发现自己现有的生命科学知识的不足,从而愿意进一步学习生命科学知识。

(四)创意表达科学概念符合多元智能理论

多元智能理论是由哈佛大学教育学院心理学家霍华德·加德纳于1983年提

---

① 童英玲.高中生物教学中学生主动学习策略研究[D].上海:上海师范大学,2013.

出的，包括语言智能、逻辑数学智能、音乐智能、身体运作智能、空间智能、人际智能、内省智能、自然探索智能。多元智能理论认为每一种智能都以相对独立的形式存在，同时又在特定的情况下相互联系。[①] 在学生进行创意表达科学概念的过程中，有学生创作出金字塔结构的能量流动图，展现了空间智能；有学生用图片组合表示不同营养级的生物量的变化规律，体现了逻辑数学智能；在作品评议阶段用语言阐述小组作品的构思，发挥了语言智能。学生们在参与活动的过程中锻炼和发展了多元智能，互相学习、共同进步。

　　学生在本课例中进行的创客活动虽因受时间和空间的限制，创作成果相对简单，但此类"创客式"课堂对于学生理性思维和创新意识等素养的提升是显著的。因此，教师通过组织学生完成图解课本文字概念的学习任务，将"独立学习"与"合作学习"融合于各个教学环节，引导学生参与查资料、阅读文本、提出设想、讨论方案、实践操作、优化作品等"创客式"活动，让学生多方位探究学习生态系统能量流动这一科学概念，不仅加深了对科学知识的记忆和理解，而且锻炼了逻辑思维和创造性表达的能力。但"创客式"学习活动仍处于初步探索阶段，组织学生进行"独合结合"学习的系统实施方法也正在不断研究和更新中，我们需要进行更多的方案设计和实践应用，继续积累经验，探索方法。

（撰稿者：上海市进才实验中学　邹慧娟）

---

① 李祚山，胡朝兵.心理学[M].北京：北京师范大学出版社，2011：146.

第六章

项目学习：锻炼综合能力

项目化学习有助于帮助学校教学从知识传授转向能力发展，从教师主导转向学生自主。在唱评式学习中，学生对英文歌曲开展了基于独立学习与合作学习相结合的实践学习，进行成果展示，开展多元评价；在编演式学习中，学生以英语课本剧编演为学习项目，在对课本的改编、排练、表演、赏析中增强英语学科素养；在实验式学习中，以科学实验为项目载体，构建互动课堂，引导学生体验较完整的科学实验探究过程和具体步骤。

范型 6-1

唱评式学习：在歌曲唱评中感受语言魅力

摘要 英文歌曲的演唱和表演是学生们非常喜欢的活动。受限于英语基础和能力的差异，学生的素养也存在差异。《上海市中小学英语课程标准》强调"鼓励学生在教师的指导下，通过体验、实践、参与、探究和合作等方式，发现语言规律，逐步掌握语言知识和技能，不断调整情感态度，形成有效的学习策略，发展自主学习能力"。

本课拟对英文歌曲开展基于独立学习与合作学习相结合的唱评实践式学习。学生通过对自己所选学的英文歌曲进行成果展示，开展个人、组内、组间的多元评价，进行自我反思，从而增进独立学习与合作学习相结合的英文歌曲唱评实践式学习的意识，增长知识，提高能力，并促进良好学习习惯的初步养成。

一、设计依据

（一）学情分析

听唱英文歌曲是初中学生非常喜欢的活动。但总体来说，学生在英文歌曲的演唱、合作、表演和评价方面的意识、知识、能力及良好的行为习惯（简称英文歌曲唱评"四素养"）还有待提高；受限于英语基础和能力的差异，学生在英文歌曲演唱和表演方面的素养也存在差异，有些学生可以流利地模仿并演唱完整的歌曲，还有些学生仅限于欣赏，并不会演唱，根据评价标准点评英文歌曲演唱情况的能力也参差不齐。

（二）教材分析

本课教学内容源于上海版《牛津英语》教材第八单元"A more enjoyable school life(更有趣的学校生活)"，是在教材基础上的拓展，具体教学内容为自编，主要教学任务通过落实"学习单"来完成。课前，要求班中学生分成四个学习小组，选择自己喜欢的音乐类型（主要包括民谣类、摇滚乐类、电子音乐类、嘻哈音乐类）进行探究（独自与合作相结合收集歌曲、进行赏析、准备课上参与分享交流、对选定的歌曲进行排练）；课上，要求全班学生根据小组所选英文歌曲的音乐类型进行信息分享、演唱并评价，能力强的学生可对歌曲进行适当改编和演唱；课后，组织课外独立与合作评价、反思英文歌曲唱评情况，以使学生对英文歌曲的类型有了一定的了解。发挥学生各自的特长，锻炼所选择承担的主唱、合唱、音效、伴奏、演示文稿(PowerPoint，以下简称PPT)制作等方面工作的相应的能力；培养全体学生独立学习与合作学习相结合的英文歌曲唱评实践式学习的意识，增长知识，提高独立与合作学习相结合进行学唱、排练、表演和评价的能力，并促进与此类学习相关的良好行为习惯的初步养成。

二、教学目标

1. 初步了解英文歌曲"教、学、编、练、演、评"的基本实施过程；能够根据评价标准，进行个人、组内、组间等多元的评价，初步具备总结反思、改进提升自我的能力。

2. 能够在小组长的带领下选择英文歌曲，进行表演的角色和任务分工，独立学习必备词汇、背诵歌词、学习语音语调、学习音乐旋律、制作表演PPT等；以合作学习形式进行小组排练，练习角色之间互相配合，伴奏、音效与各演唱成员之间的配合等；参照评价标准，对自己承担的任务，进行反复揣摩和修改，从中有所区别地体悟英文歌曲选择、创编和排练的方法。

3. 能够进行流畅的英文歌曲成果展示，对自己在英文歌曲唱评实践式学习中的表现进行个人自我评价，并进行反思；能够参照评价标准对他人在英文歌曲成果展示中的表现进行中肯的点评，从中体悟英文歌曲资料交流分享、表演与评价的方法。

4. 感受英文歌曲表演对提升个人英语口语表达和英语综合能力所产生的积极影响，体会个体投入对英文歌曲整体实施的作用，进而增强个体的责任意识和团队合作意识；促进用英语进行思维、交流习惯的养成。

三、实践过程

本课以课前收集、编排，课堂分享、唱评、小结，课后反思的"三程"结合整合实施基于独立学习与合作学习相结合的英文歌曲唱评实践式学习的"六式"，来提升初二学生英文歌曲编、练、演、评的相关意识、知识、能力和良好行为习惯"四素养"，进而促进学生提升英语学习整体素养和其他相关素养作为总体设计思路。

课前：学生根据小组歌曲类型进行选择，并收集相应类型的英文歌曲进行学唱；由小组长牵头，进行分工安排，对歌曲进行适当的改编与创作；之后，每个小组成员根据自己的分工，独立学习必备词汇、熟练背诵歌词、反复练习语音语调、制作表演PPT和表演道具等；进而开展合作学习形式的小组排练，注意主唱、伴唱、音效与伴奏之间的相互配合；参照评价标准，对自己的工作任务进行反复的揣摩和修改。通过上述过程培养学生收集相应类型的英文歌曲进行学唱的能力，制作表演PPT的能力，部分学生对歌曲进行改编与创作的能力，全体学生独自学习必备词汇和熟练背诵歌词、反复练习语音语调的能力以及小组成员合理分工、完成合作任务的能力；增进学生独合结合进行英文歌曲收集与编练的意识。

课中：学生分四组，逐一进行英文歌曲成果的展示；表演完成后，每组同学对自己在英文歌曲唱评实践式学习中的表现进行个人自我评价，并进行反思；组长对组内同学在此过程中的表现进行点评打分；组外观众对整个小组的表现进行点评打分。老师对全体学生的表现进行点评，评选出最佳合作小组奖、最佳个人表演奖、最具创意奖，以此培养学生在英文歌曲分类收集、排练等方面的良好行为习惯和相应能力；增进学生对课前学习成果进行分享的意识，锻炼全体学生相关类型的英文歌曲演唱能力和部分学生的创编、表演唱的能力，增进学生对此类学习内容与方式的兴趣；锻炼全体学生根据标准点评英文歌曲演唱情况的能力，独自反思和评价、反思、改进的意识。

课后：同学之间继续探讨自己在收集、创编、排练、分享、演唱和评价英文歌曲中的收获、优点与缺点，反思可以改进的方向，下次课上进行分享，锻炼学生独合结合进行"三程"学习反思、改进的能力，增进学习反思、改进意识，增强独合结合进行英文歌曲收集、创编、排练、分享、演唱和评价的能力及兴趣。

（一）介绍课前小组合作情况

教师首先集体反馈各小组在课前的合作情况。回顾了本次英文歌曲唱评课的六个环节"教、学、编、练、唱、评"，其中前四个环节已经在之前的课前准备中完成。教师对于四个小组的课前合作给予充分的肯定。

四位小组长首先根据小组探究的音乐类型——民谣类、摇滚乐类、电子音乐类、嘻哈音乐类，进行选曲。小组讨论后确定成员分工：主唱、伴唱、和声、音效、背景等。由于班级人数限制，有些小组成员同时要为其他小组助演，所以，英文歌曲的唱评活动是以组内小合作与全班大合作的形式开展的。在学唱歌词时，学生首先学会并记忆歌词中的生词和句式，反复练习语音语调、连读吞音等发音，同时对自己承担的任务进行修改和完善——从中体悟英文歌曲演唱、排练和表演的方法，在各自积极的准备中，增强了个体的责任意识。在小组合作排演过程中，学生通过表演时背景、道具、音效等方面的相互配合，培养和增强了团队合作意识与能力。

（二）明确英文歌曲唱评标准，课上合作分享表演

教师首先组织相关合作小组将课前合作搜集的相关英文歌曲类型（包括音乐特点、发展简史、代表人物、代表作品等）在全班做交流分享。之后，学生按照小组进行合作表演。在表演过程中，学生要特别注意英文歌曲的语言表达、表演技巧、舞台效果、团队合作等方面的评价要素。为了呈现最好的表演效果，全组成员共同努力，互相配合，团队合作的精神得以进一步提升。

本节课的教学内容通过学习单的形式呈现。在音乐类型分享介绍环节，学生将记录的音乐类型名称、音乐特点、代表人物和代表作填写在学习单上的表格中。在表演评价环节，教师引导学生根据学习单上的评价标准进行点评。课后，教师

要求学生将本节课的总结反思内容填写在学习单上,以促进此类学习相应的良好行为习惯的初步养成。

(三) 组织自主与合作编排表演的评价

请一组同学对自己在英文歌曲唱评实践式学习中的表现进行自我评价;组长对组内同学的分工、排演、演唱表现进行点评打分;组外观众对整个小组的表现进行点评打分。老师对各组同学的表现进行点评——引导学生加深对英文歌曲"教、学、编、练、唱、评"的基本实施过程的了解,增进对歌曲演唱、开展排练、语言表达、表演技巧、整体效果、团队合作、科学评价等英文歌曲表演评价标准的认识;同时,引导学生思考英文歌曲对促进英语口语表达能力和英语综合运用能力的提升所产生的作用,以及个人表现对团队的影响,从而增强责任意识和团队合作意识。

(四) 课上合作总结与课后独自与合作反思实践相结合

表演评价结束后,教师借助评价标准,引导学生对于学习内容、方法措施、表达方式、反思改进等方面进行合作总结,培养总结反思能力。课后,组织同学之间继续探讨交流、进行合作反思,发现自己在创作、排练、表演和评价中的优点、不足以及改进方向,并要求每位同学回家后,和家长交流一下自己本次活动的表现和感受,进一步提升英文歌曲唱评实践式学习"四素养"。

(五) 分层实施与信息技术相结合

课前,要求学生围绕所选音乐类型搜集信息,制作课件展示介绍。学生独自选择负责收集信息、整合信息、PPT 制作、音频剪辑等工作;在合作编练演的过程中,学生可以根据自己的特长,选择承担主唱、合唱、伴奏、音效、背景制作等方面的工作,锻炼相应的能力;课上,部分学生能够进行歌曲创编和表演式的演唱,其他学生合作参评,锻炼各自的英文歌曲创编、表演唱和评价素养。

在四个小组的排练、表演过程中,教师借助信息技术配以表演背景、声音效果等,为学生演唱创设生动的排练、表演情境,提高排练、表演的实效;在课堂合作评价环节,教师运用信息技术,带领学生明确英文歌曲表演评价的基本要素,加深学生对英文歌曲评价要素的理解,引导学生进行评价,锻炼学生根据标准进行评价的能力。

(六) 随机激励和引导相结合

教师在学生分组排练阶段,对每组的排练情况进行细节指导,对表现好的成员进行鼓励,激发他们的参排兴趣;在课堂交流分享环节,对准备充分、参与积极、交流充实和有特色等表现突出的小组,进行随机表彰;在课堂演唱、编歌和表演唱结束后,对学生们的表现进行激励性评价,组织全体学生进行最佳合作小组奖、最佳个人表演奖、最具创意奖等评比,进一步激发学生们对英文歌曲编练演评的热情;在课堂小结环节,引导学生合作讨论本次独立学习与合作学习相结合的英文歌曲唱评实践式学习的收获、不足和改进方向,激发学生对今后继续参与独立与合作相结合进行英文歌曲编练演评的兴趣;在下一次的课后学习反馈环节,对相关小组和个人在"四素养"方面的积极表现给予激励性评价,促进学生巩固相应的"四素养"。

四、意义揭示

通过本节课的教学,学生明显对独立学习与合作学习相结合英语歌曲唱评式学习有了深刻的了解和体会,课堂教学取得了良好的效果,主要原因有三点:

(一) 符合兴趣激励理论

英文歌曲可以激发学生学习英语的浓厚兴趣,这种兴趣会逐渐转化成一种需求。英文歌曲中蕴含着巨大的语言潜能和英语实践机会,使学生的感知力、记忆力、理解力、想象力和创造力都得到提高。优美生动的旋律,能够把学生的感情带入到歌曲的特定情景中,学生的感情与歌词的内容能够产生共鸣,进而获得情感的愉悦。

在本课教学过程中,学生根据兴趣选择音乐类型、合作小组及表演曲目,自行分工合作。在独立学习与合作学习的过程中,学生展示出了极大的兴趣和积极性,他们不仅学习歌词、旋律,还通过歌曲了解词曲作者及相关的文化背景知识。

实践表明：学生在独合结合的学习中，充分发挥了主观能动性，锻炼了英语的口语表达能力和交流能力，拓展了词汇量，提高了文化修养，增强了学习英语的兴趣和信心。

（二）符合及时反馈理论

在本课中，共组织了三个环节十多次显性的及时反馈：引导学生自主完成课堂学习单中的小组汇报记录，借助多媒体展示评价标准，引导学生进行个人自我评价，并进行反思；组长对组内同学在此过程中的表现进行点评打分；组外观众对整个小组的表现进行点评打分；老师对全体学生的表现进行点评——评选出最佳合作小组奖、最佳个人表演奖、最具创意奖。

及时反馈理论告诉我们：反馈是控制论的一个极其重要的概念。及时反馈原理就是由控制系统及时把信息输送出去，再把其作用结果返送回来，并对信息的再输出发生影响，起到控制的作用，以达到预定的目的。

在本课中后及下次课始，共组织的对课前准备、课上表演、课堂评价三个环节十多次显性的及时反馈和对学生课后作业完成情况的多元化预设性的及时反馈，能够在学生唱评素养的培养方面取得较为明显的实效，正是对学生在"三程·六式"下的学习情况多元输出与及时控制的结果。

（三）彰显了独立学习与合作学习相结合，技术手段与随机激励引导式相结合的整合实施意义与价值

本课通过"三程·六式"，引导学生了解歌曲类型、主题、编排、语言表达、表演技巧、整体效果、团队合作等英文歌曲表演评价的基本要素；增强团队合作意识；提高学生根据评价标准进行个人、组内、组间等多元评价，并进行总结反思、改进提升自我的能力；使学生初步养成用英语进行思维、交流的习惯及独立学习与合作学习相结合的学习习惯。

在两次实践中的表演部分，学生们借助乐器和平板电脑、手机、音响等技术手段，增加了英文歌曲的表演效果。在民谣歌曲的表演中，学生用吉他伴奏；在摇滚乐表演中，学生运用了电吉他和架子鼓；在嘻哈音乐表演中，学生载歌载舞；在电子音乐表演中，学生运用了平板电脑、手机中的软件演奏电子音乐伴奏，形象生动

地表现出各种音乐类型的特点。

教师注重在教学每个环节随机对学生的表现进行激励性评价,组织学生评比优秀奖项,进一步激发学生们的英文歌曲编练演评的热情;在课堂小结环节,教师引导学生合作讨论本次独立学习与合作学习相结合的英文歌曲唱评实践式学习的收获、不足和改进方向,激发学生对今后继续参与独立与合作相结合进行英文歌曲编练演评的兴趣;在下次课上的课后学习反馈环节,对相关小组和个人在"四素养"方面的积极表现给予激励性评价,促进学生巩固相应的"四素养"。

这些都是本次英文歌曲唱评实践式学习的意义与价值。因此,很有必要继续规范地开展这方面的探索。

（撰稿者：上海市进才实验中学　吴迪）

范型 6-2

编演式学习：戏剧融合点亮英文课堂

摘要 编演式学习是综合实践式学习的一种形式。英语课本剧编演式学习，通过引导学生以英语课本为素材蓝本，自己改编、导演、排练、表演、赏析以及评价，从而培养学生学用英语的积极性，锻炼与提升学生独立学习与合作学习相结合地编演课本剧的"四素养"，并有效地锻炼学生英语口语表达和交流能力，帮助他们更深入地理解课文，增强英语学习的兴趣和信心，提升英语综合运用能力。

马克思说："语言是一种实践，只是由于需要，由于和他人交往的迫切需要才产生的。"《上海市中小学英语课程标准》强调，"重视语言学习的实践性和应用性，主张学生在语境中接触体验和理解真实的语言，并在此基础上学习和运用语言，尽可能多地为学生创造在真实语境中运用语言的机会"。英语课本剧是根据学生的心理特点和大量的教学实践应运而生的课堂实践活动。它既增强了学生学习英语的兴趣和信心，又培养了学生主动学习和合作学习的精神，非常适合学生的英语学习实践活动。

一、设计依据

（一）学情分析

初三年级学生从预备年级开始就进行了合作学习的相关培训，了解并掌握了合作学习的一些方法和技巧，在平时英语课堂教学活动中，老师也经常安排多种形式的合作学习任务,如小组讨论、集体朗诵、角色扮演、动画配音、歌曲演唱等等。同学们以小组为单位,根据成员们英语水平、能力的不同,进行分工协作,共同完成任务,取得较好的效果。

对于英文课本剧编演,同学们都很感兴趣,热情度很高;但总体来说,学生基于独立学习与合作学习相结合的英语课本剧设计编写、练习与表演和评价的意识、知识、能力和良好行为习惯(简称英语课本剧编演"四素养")还有待提高,并且由于英语水平和其他能力方面的差异,学生的课本剧表演素养也存在差异。

(二)教材分析

本课选用了九年义务教育课本牛津上海版英语九年级第一学期模块 1 单元 1 的阅读部分《The night of the horse(木马之夜)》和听力部分《The start of the Trojan War(特洛伊战争)》。教材的 Reading 部分主要讲述了特洛伊战争的结局,在经过几年的持久战后,希腊人通过一个木马的小把戏,成功地攻克了特洛伊城。而听力部分,则是介绍了希腊神话中有关特洛伊战争的起源。本节课以《The Trojan War(特洛伊战争)》为课本剧的主题,将教材中的听力部分和阅读部分作为素材蓝本,要求学生对剧本第一幕"战争起源"和第三幕"战争结局"进行改编与表演;同时,让部分学生通过自主查找网络相关资料,选取特洛伊战争中比较精彩的片段,编写为剧本的第二幕。三幕剧的创编,兼顾了不同能力层次学生的需求,学生们可以根据自己的特长,选择担任编剧、主演、群演、道具、服装、音效、背景等方面的工作,在编演学习过程中得到相应的锻炼。

二、教学目标

1. 初步了解英语课本剧"教、学、编、练、演、评"的基本实施过程,知道课本剧表演评价的基本要素和具体评价标准。

2. 能够在小组长的带领下进行课本剧剧本的撰写与改编,进行表演角色和任务分工,以合作学习形式进行小组排练;能够进行流畅的英语课本剧成果展示,并对自己在课本剧编演式学习中的表现进行个人自我评价与反思;能够参照评价标准,对他人在课本剧成果展示中的表现进行中肯的点评;参与合作讨论、交流反思,发现自己在编写、排练、表演和评价中的优点与缺点以及改进方向。

3. 感受个体投入对英语课本剧编演式学习整体实施的作用,进而增强个体的责任意识和团队合作意识;感受到英语课本剧表演对提升个人英语口语表达和英语综合能力所产生的积极影响,激发英语综合实践式学习的兴趣。

三、实践过程

本课以课前、课堂、课后"三程"结合整合实施基于独立学习与合作学习相结合的英语课本剧编演式学习。

课前:学生围绕主题,进行剧本的改编与创作;由小组长牵头,选择适合的表演人选,进行人员的分工安排;之后每个小组成员根据自己的分工,进行独立学习,熟练背诵台词、揣摩人物性格、制作舞台背景、制作表演道具等;进而进行合作学习形式的小组排练,角色之间的互相配合,背景、道具、音效与角色人物的配合等;参照评价标准,对自己的工作任务进行反复的揣摩和修改。

课中:学生分三组,逐一进行课本剧成果的展示。表演完成后,每组同学对自己在课本剧编演式学习中的表现进行个人自我评价,并进行反思;组长对组内同学在此过程中的表现进行点评打分;组外观众对整个小组的表现进行点评打分。老师对全体学生的表现进行点评。最后评选出"最佳合作小组奖""最佳个人表演奖""最具创意奖"和"杰出贡献奖"。

课后:学生之间继续探讨自己表演中的优点与缺点,反思改进自己在独立学习与合作学习相结合的英语课本剧编演式学习方面的收获、不足和改进方向,进而提升课本剧编练演评的相关意识、知识、能力和良好行为习惯"四素养",促进提升英语学习整体素养和其他相关素养。

(一)回顾课前编制、排练课本剧情况

1. 教师借助多媒体,集体反馈学生课前小组合作编制、排练《The Trojan War(特洛伊战争)》课本剧情况,作随机表彰和完善引导。

在实际授课中,老师首先和同学们一起回顾了本次课本剧"教、学、编、练"的课前准备过程,对同学们课前合作、独自演练、合作编演式学习给予了充分的肯

定。三位小组长承担了剧本创作、改编的任务,他们通过独立查找资料、观看相关影片,完成了剧本的初稿。老师随后对他们进行了一对一的辅导,使剧本中的英语表达更地道、人物对白更流畅、更能凸显人物的性格特征。经过这一过程的磨炼,同学们能够初步具备用英文创作、改编剧本的能力,同时他们的英语语言综合运用能力得到了很大的提升。老师对三位同学的肯定,也极大地激发了他们的自豪感和满足感,激发了他们对英语课本剧类学习的兴趣。本次课本剧编演式学习做到了全班同学人人有任务,经过合适的任务分工后,同学们分头准备,进行独立学习活动。全体同学为了不拖小组的后腿,责任意识增强,能够按时完成台词背诵,并不断参照评价标准揣摩调整自己的表演,在排练中积极和其他角色进行配合,进一步研究表情、动作、语调、站位与音效的配合等细节信息,团队合作意识也得到了提升。在此过程中,全体同学进一步加深了对课本剧剧本编排、语言表达、表演技巧、舞台效果、团队合作等评价基本要素的理解,同时都感受到英语课本剧排练对促进自己英语口语表达能力和英语综合运用能力的提升产生了一定的作用。

2. 学生认真聆听,回忆自己在此过程中的表现,进行思考。

(二)明确课本剧多元化评价的二项标准

1. 在正式表演前,老师借助多媒体,带领学生复习课本剧表演多元化评价的两项标准,要求学生们在观看、欣赏各组的表演时,对照标准进行评价,为后面的课堂评价奠定基础。

表演者自我评价标准方面:一是剧本编排——能合作参与剧本编写,精心打造修改自己角色的台词,使其更精练、地道;二是独自准备——能积极独立地去准备自己所承担的任务,力求尽善尽美,责任意识强;三是合作排演——在小组合作集体排练中,能服从小组长领导,积极配合其他人员,与背景组、道具组、音效组等积极沟通,有团队合作的意识;四是语言表达——表演时英语发音清楚正确,语音语调自然流畅,台词顺畅,没有遗漏;五是综合效果——表演时能融入角色,动作大方自然,表演逼真,表情丰富,表演效果好;与其他演员能够相互配合、有默契,整个团队的配合程度好。另有特色加分。

观看者评价标准方面:一是剧本编排——剧本忠于教材,情节清晰明了,主题积极健康，内容编排上新颖、有创意；二是语言表达——对话精练、地道，有一定的台词量，发音清楚正确，语音语调自然流畅；三是表演技巧——动作大方自然，表演逼真，表情丰富，有戏剧（夸张）效果，有一定的创造性和发挥；四是舞台效果——运用一定的服装和道具，化妆造型符合角色要求，音效效果好；五是团队合作——演员相互配合，有默契，组内人员分工合理，团队合作效果好，整场表演流畅自然。另有特色加分。

2. 学生认真聆听教师的介绍，为评价自己和他人做好准备。

（三）课本剧编演式学习成果展示

1. 教师请学生按三幕剧顺序，进行《The Trojan War(特洛伊战争)》的课本剧表演，要求学生们注意观察清楚在其他人身上自己可以学习和仍需完善的地方。

2. 学生三小组轮流进行课本剧成果表演，其余两组作为观众认真观看，注意对照评价标准，思考如何评价，观察在其他人身上自己可以学习和仍需完善的地方。

意图　培养学生良好的课前预习习惯，巩固英语课本剧编写、排练知识和表演能力；激发学生对英语课本剧类学习的兴趣，让他们感受课本剧类表演对发展综合素养的独特意义。

（四）实施英语课本剧编演式学习多元评价

1. 教师：请一个小组为代表，全体组员到讲台处，参照评价标准，对自己在课本剧学习过程中的课前、课堂和课后（滞后进行）表现，进行个人评价和组内评价。

2. 学生：相关小组成员到讲台处，按照要求进行自评和组内评价，其他学生认真聆听。

个人自评：同学们对照两项评价标准进行了实事求是、客观公正的评价，同时同学们还分享了自己在排练过程中所遇到的困难以及如何通过同学互助，得到了解决，并对今天自己在课堂上的表现进行了优点和不足之处的分析，最后描述了本次课本剧编演实践式学习带给自己的收获。比如有同学这样评价自己：我在这次课本剧表演中担任导演和编剧，根据课文以及查找的资料进行剧本创作，并在老师的指导下进行修改。角色方面出演了雅典娜（Athena），个人认为自己还没有发挥到最好。在整个排练课本剧的过程中,我和演员、背景组、道具组进行反复沟通,虽然很累,但是收获了很多,能力也得到了提升,感谢大家给了我这样一个锻炼自己的机会。

组长对组内成员的评价:负责组内互评的合作小组的组长普遍肯定了全组同学在本次课本剧编练演评过程中的辛勤付出与团结合作,并对此次表演的成功给予了充分的肯定。对每位组员的逐一点评也非常精准,涵盖了课前和课中,既给予了肯定,又指出了不足之处,还给出了改进意见。比如对道具组组长的评价:作为艺术方面极其优秀的组员,她虽然没有出现在舞台上,但是她是幕后英雄,我们的道具小到手上的高脚杯,大到第三幕的木马,包括赫耳墨斯(Hermes)的衣服,全部是她设计并与几位同学一起制作的,材料除 KT 板外都是各式各样的废物再利用,既美观又环保。再比如对某位学生的评价:他出演宙斯(Zeus)。作为一个平时比较腼腆的男孩子,演宙斯对他来说是一个突破。虽然最后的效果可能还不够完美,但他从背台词到准备服装都很认真,自己也得到了提高。

3. 教师:请其他组的成员,对这个组的表演进行评价。

4. 学生:其余两组参照评价标准,对该组的课本剧表演进行点评。

观众们的点评既有对小组整体的评价,又有对表现比较突出的个人的评价,比较全面。比如对某位同学的评价:作为一名男生,他反串扮演世上第一美女海伦(Helen)真的很不容易。听说他还在家向妈妈学习了如何演出女孩子的感觉,并且学会了控制自己不要笑场。今天他在舞台上的表现真的特别出色,眼神和肢体语言都恰到好处,简直可以以假乱真!再如对小组的评价:在台词表达和发音方面,小组全体成员都尽力做到了最好,表演时的感情表达可能因为经验不足和紧张没有达到完美,但每一位同学都尽了最大的努力,也都收获多多,整体表演非常出色。

5. 教师:认真聆听学生的评价,对三组评价表现进行随机激励和引导完善。

6. 学生:认真倾听别人的评价意见,反思改进和肯定自己的表现。

教师的点评:本次英文课本剧编演活动非常成功,同学们了解体验了英文课本剧编演实践式学习"教、学、编、练、演、评"的基本过程;对课本剧表演的二项评价标准也有了一定的了解;每个同学都积极认真地履行了自己所承担的任务,保质保量地完成,责任意识有所增强。

整个课本剧编演过程中，大家互助合作得都很好，三个组长互相沟通，完善修改剧本，使得三幕剧能够融为一体，道具组顶住时间紧任务重的压力，在最后的时刻全部完工，保证了所有道具的细致和精巧，群演的姑娘们，毫不含糊，为了剧情的需要，直接倒在地上扮演死亡的士兵等等，正是有了大家的合作和奉献，才保证了我们今天课本剧演出的成功。另外，平时一些不太爱背课文的同学，这次挑战了大量的台词，表演起来毫无压力，英语综合能力中的背诵能力得到了锻炼和提升，对语言学习的兴趣也得到了激发。

7. 教师：组织全体学生评选出"最佳合作小组奖"，全班给予鼓励。

8. 学生：参与"最佳合作小组奖"现场投票。

同学们通过将棒棒糖送给一位组长的形式，选出了本节课"最佳合作小组奖"。其余的几个奖项，在课后通过填写选票的形式完成评选。

意图 培养学生根据评价标准，结合个人、组内、组间等对课前参与课本剧编写、排练，课中小组表演、总结和课后独自与合作反思等情况，进行多元评价的能力；巩固教材知识；增进独立与合作相结合进行英语课本剧编练演评的兴趣。

（五）组织课外评价、反思

1. 教师：在课后，请另外两个小组的同学，对照评价标准，对自己组的表现进行评价。要求同学之间继续探讨自己表演中的优点与缺点，反思改进自己在独立学习与合作学习相结合的英语综合实践式课本剧类学习方面的收获、不足和改进方向。

2. 学生：填写选票，评选出"最佳个人表演奖""最具创意奖"和"杰出贡献奖"，给予奖励。

意图 使学生巩固综合素养和增进独立与合作相结合进行英语课本剧编练演评实践类学习的热情。

四、意义揭示

通过本节课的教学，学生明显对独立学习与合作学习相结合英语课本剧编演式学习有了深刻的了解和体会,课堂教学取得了良好的效果,主要原因有四点。

(一) 提升了学生综合实践素养

1. 综合性。本次英语课本剧编演实践式学习,融合了英语、艺术、语文、心理、信息技术与劳技六门学科的相关知识。学生进行剧本的撰写与改编,语文素养得到锻炼;将剧本翻译成英语,用英语记诵台词,并在舞台上进行表演,英语的记诵能力和口语表达能力得到培养和锻炼;体验了英语戏剧这种艺术形式,并在适当的环节选取合适的音乐进行配乐,艺术素养得以提升;在观众面前进行公开的表演展示,同学们的表达能力得到了提升,同时心理素质得到了很大的增强和锻炼;课堂的整个流程都有借助信息技术烘托环境背景,并进行情节的推动,还有制作精良的各色道具,这些使信息技术和劳技学科的相关知识得以实践和运用。整个教学过程彰显了"三程"结合英语课本剧编演实践式学习在学生综合素养提升方面的独特价值。

2. 主体性。本次英语课本剧编演实践式学习,突出以学生发展为本,学生经历了课前、课堂、课后"三程"结合整合实施基于独立学习与合作学习相结合的英语课本剧编演实践式学习"六式"的学习过程。课前,学生能够在小组长的带领下对课文的阅读和听力部分加以整合,进行课本剧剧本的撰写与改编,进行表演角色和任务分工,独立完成背诵台词、揣摩人物性格、制作舞台背景、制作表演道具等任务;以合作学习形式进行小组排练,角色之间的互相配合,背景、道具、音效与角色人物的配合等;参照评价标准,对自己承担的任务,进行反复揣摩和修改。课堂上,能够进行流畅的英语课本剧成果展示,并对自己在课本剧实践式学习中的表现进行个人自我评价及反思;能够参照评价标准,对他人在课本剧成果展示中的表现进行中肯的点评。课后,开展合作讨论、交流反思,发现各自在编写、排练、表演和评价中的优点与缺点以及改进方向;和家长交流自己本次活动中的表现和感受,并进行自我反思。整个教学过程既培养了"三程"素养又体现了以学生发展为本的理念。

3. 趣味性。本次英语课本剧编演实践式学习过程充满了趣味性。有些同学的日常表现和他们所扮演的角色存在一定的反差,比如一位男同学男扮女装饰演美女海伦,大家觉得真是太好笑了,每次排练大家都要笑他,纷纷要教他如何饰演美女;还有道具组制作的道具,充满无限的创意,用废纸盒制作的木马,竟然还在后腿的位置开了一个隐形的门,当饰演士兵的群众演员从里面钻出来的时候,大家都惊叹不已。每位同学都在本次课本剧学习过程中找到了乐趣。

4. 独创性。《The night of the horse(木马之夜)》是一篇阅读课文,日常的这节课,教师只会带领学生进行英语阅读技能的培养,比如:通过看标题和图片,猜测文章的内容;通过略读和速读,对文章进行分段,概括每段的段落大意;通过阅读上下文,推测某个生词的意思;进而通过精读,对文章的内容进行理解;等等。而对于听力部分《The start of the Trojan War(特洛伊战争的开端)》,也只是听过之后,让学生对相关图片进行排序,对其中涉及的生词进行讲解等。学生在学过这一课后,只是增加了一些词汇积累、知道了一个故事而已,根本没有课本剧的概念,更不用说"独合结合"素养的培养。本次课本剧的编演实践式学习可以说是一次独创性的尝试,非常成功,为以后的实践式学习积累了经验。

5. 挑战性。本次英语课本剧编演实践式学习,对于那些平时不太爱背课文的同学来说是一次巨大的挑战。他们有大量的台词,都需要在课余时间进行记诵,在团队合作精神的感召下,他们投入了时间和精力,圆满完成了台词背诵任务,舞台表演时毫无压力,对语言学习的兴趣和自信心也得到了激发。另外有一位英文水平欠佳的同学,他的口语表达能力不太理想,我们就给他设计了最少的台词,但是他的表现力很强,通过眼神和动作等肢体语言,展现出强大的气场,将斯巴达国王的霸气,展现得淋漓尽致,引来观众的一片叫好声,他的自信心也得到了极大的提升。

6. 多元性。本次课本剧编演实践式学习,将多元评价在课堂上实际加以运用,学生体验到评价主体的多元化、评价形式的多元化,学会了如何借助评价标准去评、学会了如何带着评价标准去观察和欣赏一幕戏剧、学会了如何公正地去进行评价以及将来如何尝试着自己设定相关标准进行评价等。这些都是本次英语课本剧编演实践式学习的独特价值所在。

(二) 符合合作学习的理论

美国加利福尼亚州的卡甘(S. Kagan)博士是合作学习理论的代表人物,他指出合作学习的四条基本原理,即积极互赖、人人尽责、公平参与和同时互动。

所谓"积极互赖",意味着学生个体的成功与团队的成功是紧紧联系在一起的,团队的每位成员都感到他们是荣辱与共、同舟共济的,同伴之间必须通过互助合作、协同努力来达到共同目标。所谓"人人尽责",是指每位学生必须承担一定的学习任务,每一个人都必须在搭档面前完成学业任务。所谓"公平参与",是指学习参与的机会对每位学生来说都是公平的,每位学生都拥有相同的表现机会。所谓"同时互动",是指最大程度地促进所有学生积极互动。如果合作结构中没有体现这四条原理,那么它只是小组学习,而不是合作学习。

在本次课本剧"三程"编演实践活动中,每一位同学都积极尽到了自己的职责,为了"课本剧成功"这一共同的目标而努力,各尽所能,做好自己的事情,保证了课本剧的成功。

全班同学 100% 参与,根据自己的能力水平,分别承担不同的任务内容,尽管人员分为三组,分别承担三幕剧的创作表演,但是因为三幕剧围绕一个主题以时间顺序展开,主要演员贯穿三幕,有些群演也在三幕剧中进行客串,所以实际是组内小合作与全班大合作相结合。

在评价时,我们重在对小组整体表现进行评价,对小组成员在合作中的表现进行评价,体现出学生个体的成功与团队的成功密切相关。同时组外评价也体现了同学间的互动。

因而,英语课本剧"三程"编演实践式学习,符合上述四条原则,是真正意义上的合作学习的有效实践途径。

(三) 落实英语学科核心素养的有效载体

同学们在深入学习了课文内容的基础上,对课本中阅读和听力部分进行了整合与改编,围绕"The Trojan War(特洛伊战争)"这一主题,进行了三幕剧的剧本创作,既提升了英语的书面表达能力,也增进了对外国文化的理解,更培养了逻辑思维和创新思维的能力。

在排练的环节,同学们分头进行英语台词的背诵,对于一些不认识的英语单词进行学习、正音,对大段的台词进行记忆,互相之间还进行对话配合。在这一过程中,同学们的英语听说能力和英文记诵能力都得到了提升,合作学习能力也得到了加强。

配合三幕课本剧,同学们制作了高大的木马、坚固的城门、引发战争的金苹果、武士的刀剑、服饰等非常有创意的道具,有效地烘托出课本剧的环境氛围,体现出同学们创造性的思维品质和对当时文化的深入理解。

　　学生的英语学科核心素养中所涉及的"语言能力""文化意识""思维品质""学习能力"等在本次课本剧"三程"编演实践式学习中都得到了不同程度的体现和提升。

(四) 英语综合实践式学习的有效组织形式

　　2017 年 9 月 25 日,教育部印发的关于《中小学综合实践活动课程指导纲要》的通知中明确指出:综合实践活动是从学生的真实生活和发展需要出发,从生活情境中发现问题,转化为活动主题,通过探究、服务、制作、体验等方式,培养学生综合素质的跨学科实践性课程。综合实践活动课程强调学生亲身经历各项活动,在"动手做""实验""探究""设计""创作""反思"的过程中进行"体验""体悟""体认",在全身心参与的活动中,发现、分析和解决问题,体验和感受生活,发展实践创新能力。

　　本次英语课本剧"三程"编演实践式学习,为学生创设了真实的语言学习情境,学生们在特洛伊战争的真实背景情境下,学习英语的语句表达,力争用地道的英语演绎一幕幕精彩的对白,学生们英语语言学习的兴趣得到大大的激发。同时,学生们在剧本改编、动作排演、道具制作、赏析评价等环节,其他综合能力也得到了培养和提升,体会到了学习的成就感。

（撰稿者：上海市进才实验中学　丛研）

范型6-3

实验式学习：以实验为载体构建互动课堂

摘要 培养学生的科学探究能力是科学学科的重要教学目标之一，而实验是科学探究的重要环节。初中生的科学探究过程对实际的探究过程进行了筛选和重组，成为适合学生探究学习的简约化活动过程。学生通过探究实验式学习意识到任何科学探究都始于问题，源于生活。在科学实验中，设计方案、有序观察、正确测量、分析数据、表达交流等各环节紧密相关，共同促进学生科学素养的提升。

一、设计依据

（一）学情分析

预备（6）班的学生思维习惯良好，学习热情较高，在日常的科学课学习中，学生已经知道了科学实验室中常见实验仪器的使用方法，初步掌握了一定的实验操作能力，有了一定的合作实验的经历。学生对很多生活中的汽化的实例有一定的感性认识，但并没有与科学中的汽化建立联系。在实际实验过程中，学生在实验操作的规范性和实验过程表述的科学性方面还有欠缺，需要教师引导。

在平时的科学课学习中，学生已有独立学习与合作学习相结合（即"独合结合"）的经历，对科学实验热情很高，但对于课前、课中、课后"三程"学习过程中整合"三式"（实验探究体验式、借助信息技术式、随机激励式）开展科学探究的能力还有待提高，个别学生的倾听、思考、交流能力较弱，需要促进他们的参与度，培养责任感和合作能力。

故本课通过"独合结合"的实验探究体验式等"三式"在课前、课中、课后(简称"三程")完成探究汽化的过程,根据推测设计探究实验,并选择适当的实验仪器完成水沸腾过程中的温度变化的测量,得出水沸腾过程中温度不变的结论。引导学生通过完成完整的科学探究过程(提出问题、形成假设、制定计划、实验操作、搜集证据、解释检验、表达交流——简称"科学实验基本步骤")体会科学是一种求实求真的实践活动。

(二)课标分析

上海教育出版社出版的《上海市初中科学课程标准》(以下简称"课标")指出:要立足学生的发展,提高每一位学生的科学素养;面向全体学生,提供适应每一位学生发展的学习科学的机会;关注自然界的整体性,体现科学本质;突出科学探究,倡导学习方式的多样化;重视多元评价,体现评价过程与学习过程的统一。[①]

上海科学技术出版社出版的《上海市初中科学学科教学基本要求》(以下简称"基本要求")对具体学习内容有明确的定位:基本实验仪器(温度计、酒精灯)等的学习水平的定位为 A 级,即"知道";对科学探究的基本要素及简单科学探究活动的设计和实施的学习水平均定位为 B 级,即"理解"。课标对学习水平为 A 级(知道)的定位为:知道酒精灯、温度计和停表等基本实验仪器,初步学会根据实验要求选择适当的实验仪器。课标对学习水平为 B 级(理解)的定位为:学会根据探究的问题,设计科学探究活动的方案;学会记录或描述科学探究活动的过程;促进养成善于聆听、乐于分享和团队协作的良好行为习惯。[②]

(三)教材分析

本节课"汽化"内容出自上海牛津版教材六年级主题单元"水与人类";同时,六年级科学第一个主题单元"科学入门"对学生提出了学习水平要求,即设计并实

---

① 上海市中小学课程教材改革委员会.上海市初中科学课程标准[M].上海:上海教育出版社,2002.

② 上海市教育委员会教学研究室.上海市初中科学学科教学基本要求[M].上海:上海科学技术出版社,2018.

施简单的科学探究活动；另在《科学——练习部分》的第一个主题单元练习中也有涉及沸腾问题的习题。"汽化"的内容包含两个完整独立的探究过程：沸腾和蒸发，本课重点探究的是汽化中的沸腾现象。教材在水的沸腾实验中，以探究沸腾的特点为主，让学生经历探究水沸腾特点的过程，教材选用的材料为水，温度计等常用材料，易于获得，但教材中对于水的量、初始温度、观察要点、实验时间等未作具体说明。考虑到学生在数据采集和制图方面的经验不足，拟在实验前进行示范，明确数据采集的时间点和描点法绘图的要点。在通过实验得出沸腾的有关知识后，教材注重引导学生运用所学知识去分析解释生活中的沸腾现象。本节课在"现场还原"实验解释生活现象时，考虑到真实性和时效性，在材料的选择方面较真实场景进行了一些改进，拟利用市场上易买到的食用油、醋精、小苏打片等进行演示实验并投屏，以促进学生内化相应的实验探究体验式学习素养。

二、教学目标

1. 结合家庭实验了解课程内容，经历探索日常生活中的"汽化"过程，知道什么是汽化，培养良好的知识储备习惯；内化相应的实验探究体验式学习素养。

2. 探究体验"水沸腾"实验和观察教师演示"油沸腾"实验过程，加深对汽化的理解，了解沸腾现象，知道水的沸点。初步熟悉科学实验的基本流程，在小组合作中学会尊重和理解他人，并能够运用数据和图表解读科学实验现象；内化科学实验步骤、实验设计、实施、观察记录和解释结论的方法。

3. 会用沸腾的规律解释生活中的一些简单现象，体会理论联系实际解决问题的成就感，感受科学的神奇，感受"独合结合"的科学探究式学习方式，激发主动探究意识；培养严谨的科学态度和协作精神，增进继续这样进行学习的兴趣。

三、实践过程

本课以学生为核心，以课前、课中、课后"三程"（课前独立进行烧水实验，课中分别独立进行酒精蒸发实验、合作进行水沸腾的探究实验、合作分析交流油沸腾的演示实验，课后独立进行冰融化的探究实验）结合实施基于独立学习与合作学习相结合的"三式"(实验探究体验式、借助信息技术式、随机激励式),以巩固学生相应的实验探究体验式学习素养,使学生了解汽化、沸点、沸腾等概念;使学生初步了解和掌握实验的基本流程和实验设计、改进和评价能力;引导学生学会利用描点法制作实验数据曲线并运用分析;提升全体学生"独合结合"进行科学探究体验式的意识、能力和良好的行为习惯"三素养"。教师利用借助信息技术式制作本节课演示文稿(PowerPoint,以下简称 PPT),学生课后完成探究实验并制作 PPT 形式的实验报告;借助数字化信息系统软件(Digital Information System,以下简称 DIS):教师在课堂上演示实验"油沸腾"时,采用 DIS 装置实时展示实验过程中的温度数据,提高实验效率,激发学生参与探究实验的兴趣,增进学生采用 DIS 数字化信息系统软件进行相关科学实验的兴趣。教师利用随机激励式对学生在课前独自完成家庭实验情况,课上在实验探究式学习等方面的参与积极、完成率高、规范性强、速度快、质量好等表现,进行及时的多样化的激励评价。结合随机引导,激发学生参与实验探究体验式学习的热情,提升学生"三程"参与探究实验式学习的意识、能力和良好行为习惯。

在实践过程中调节了教学环节中的学生实验时长,由 15 分钟增至 22 分钟,增加的时间提高了学生实验的参与度和完成度,提升学生独合结合的学习素养。在教学 PPT 中增加了操作图示,教师在学生实验前结合正确和错误的操作图示展开讲解,进行充分细致的实验前指导,使学生把握实验操作细节,在实际操作过程中理论联系实际提升规范意识。在课堂中采用了一带多巡视指导,老师指导组长,组长一带多指导组员,学生能明确观察要点、正确操作仪器、记录并处理数据,提升了小组合作能力,在师生、生生互动中提升实验探究意识。

(一)导入新课

本课安排学生在课前独立进行家庭实验,观察烧开水过程中的现象,初步掌握对实验现象的科学性表述能力。课上创设"破案"情境、展示泰国"油锅打坐"图,讲述该街头骗局内容,激发学生探究兴趣,培养批判性思维。

(二)内容新授

教师:组织学生"独合结合"体会汽化的特点,提升仔细观察的科学素养。组织学生交流课前家庭实验"烧开水"过程中观察到的现象;组织学生讨论生活中其他从液态到气态的现象;组织学生进行酒精蒸发实验,表述实验现象;组织学生归纳总结"汽化"的概念和特点。

学生:说、听、思,并归纳汽化的特点;列举物质由液态到气态变化的常见现象;课上独立完成酒精在皮肤上蒸发的实验,感受酒精蒸发过程中的吸热现象,体验并表述实验现象;总结汽化的特点,锻炼观察、表达、归纳能力。

意图分析 培养学生对几种常见的不同的汽化现象进行归纳总结的能力。

教师:组织学生"独合结合"探究水沸腾过程中的温度变化,体验科学实验基本步骤,培养团队协作精神。组织学生合作进行水沸腾的探究实验设计和改进,提出假设,找到本探究实验要素;指导学生完成实验操作和数据记录,注意随机激励和引导;组织学生交流实验现象和数据、获取信息,并分析信息得出结论,形成"沸腾"的概念。

学生:听、思、寻找探究实验关键点,逐步精准完成实验设计;完成实验,注意操作的规范性,实验过程中边观察边记录,用描点法完成数据图;交流分析实验信息,得出水沸腾过程的温度特点,参与讨论、梳理和总结。合作完成水沸腾的探究实验。首先形成假设,水沸腾过程中温度不变或升高;制定并改进实验计划,采用初始温度为60℃左右的水40g,将实际操作时间控制在10分钟内。在实验过程中,注意实验仪器的正确、安全使用,每隔一段时间记录一次温度,并绘制温度随时间变化的曲线;通过组内、班内交流开展讨论,锻炼合作操作、观察、独立操作、表达能力。

意图分析 通过找到水沸腾的探究实验的关键要素是沸腾前后温度与时间之间的关系,并根据探究要素,设计、实施探究实验,分析实验结果,得出"沸腾"的概念,提高学生实验设计和数据分析能力。

教师:组织学生"独合结合"观察"油沸腾"演示实验,促进求真、求实的科学态度的养成。演示实验"油沸腾",通过现场还原,引导学生分析在本课引入部分介绍的"油锅打坐"骗局;介绍DIS测温设备,让实验数据更精准。

学生:独立观、听、思,合作议、辨、分析演示实验;观、思、感受新科技在科学实验中的作用,进一步提高观察和分析、运用能力。

意图分析 锻炼学生的实验室创新意识,体会正确地进行测量的重要性。

教师：布置问题与引导讨论；布置课后自主探究实验，巩固学生课堂所学，增进其独自完成科研探究体验学习的兴趣。组织学生讨论沸水烫伤和水蒸气烫伤的严重程度及原因；布置课后作业——探究水由固态到液态过程中的温度变化，要求在下一课时中交流评价。

学生：思、述、辨，内化本课知识在生活中的应用；课后独立完成水由固态到液态即冰融化过程中温度变化的探究实验，锻炼知识迁移、设计实验和实际操作能力。

意图分析　进一步增强学生对"独合结合"实施探究体验式科学实验的兴趣。

四、意义揭示

一堂好的课题研究课能让师生都受益匪浅，不仅提升学生的科学素养，还有利于教师的专业发展。

（一）提升学生素养发展意识、知识、能力和良好行为

1. 素养发展意识方面：在课程的导入部分，学生在真实生活场景中遇到问题时产生主动质疑、积极探究的意识；在课中的独立实验部分，学生在实验的观察、表述、归纳等过程中树立一定的规范意识，为之后的小组实验做好铺垫；在课中的合作实验部分，具备自主探究意识，即自主提出问题、分析问题、解决问题；在实验器材的选择、实验步骤、实验数据、结论推导等过程中进行思考交流。教师在场景还原演示实验中，通过电子实验设备的展示，进一步唤起学生对最新科技设备的探究意识。在最后的问题与讨论中，学生能够意识到"独合结合"科学探究式学习的价值，在日常学习生活中有主动运用实验探究体验式学习的意识。

2. 素养发展知识方面：经历家庭实验、课堂交流、理解"汽化"的概念和特点；知道科学探究实验的基本步骤，理解探究实验的意义；会用描点法处理实验数据，画出水沸腾过程中温度随时间变化的曲线图；知道"沸点"的含义，了解几种常见液体的沸点；知道"沸腾"的含义，了解液体沸腾的条件；理解沸腾在生活中的价值。

3. 素养发展能力方面：表达能力——能用科学的语言描述实验现象，能用曲线图解释实验数据和结论；操作能力——能根据要求搭建实验装置，正确使用烧杯、酒精灯、温度计；探究能力——能在教师引导下设计并改进简单的科学探究实验，能运用课程中学到的知识解释日常生活中的常见现象，能在课后独立进行科学探究实验，探究水在固液两态变化过程中的温度变化。

4. 良好行为方面：学生通过"独合结合"完成探究实验后，能在今后的科学课程学习中坚持独立学习和合作学习相结合的学习习惯。

（二）彰显了"三程"结合实验探究体验等"三式"提升学生科学实验素养与"独合结合"素养方面的独特价值

人是教育的根本。一切教育实践活动的实施都应该围绕"人"这一主体出发，促进人的发展。教育生活被"人"经历着，教育离不开生活实际。在平时的科学实验课上，学生更多地是根据课本上的实验进行实际操作，更像一个"操作者"而非"科探者"。预备年级的学生们都喜欢进实验室，但是热热闹闹一节课后，学生学到的只是一些仪器操作技能，科学实验素养没有得到有效提升。

教育需根据学生个体的差异有针对性地实施活动。通过课堂实践的反思与改进，二次实践的课堂更切合学生水平，学生基于自身的体验，对科学实验素养的理解不断加深。在教育教学活动的实施过程中，师生不断交流、沟通，并从中获得某些启发，从而使彼此间相互补充、共同进步。有效的教育是能够促进教师和学生共同成长。教师充当着"领导者"和"指引者"的角色，领导学生们集体学习，集体进步。而教育也能够帮助教师不断提升自身素养，走进学生的世界，体会学生的所思所想所悟，真正了解学生体验教学过程的意义，唯有这样，教师才能和学生建立合适的教育关系，找到合适的教育方式实施教育，实现有效教育。

（三）实验探究体验式学习实现"科学理性"和"价值理性"统一

亚里士多德说过，"一切技术、一切规划及一切实践和抉择，都以某种善为目标"。学生通过探究体验式学习实践了一次相对较简单的科学探究，得出"水在沸腾过程中温度不变的"结论，并能运用于破案揭秘中，求真求实。学生在实验中还发现,水要保持沸腾就必须持续吸热,只有当水变成水蒸气后温度才会继续上升,大多数学生能将这一发现运用于解释沸水烫伤和水蒸气烫伤的不同严重程度及原因,体会到生命的可贵,这体现了科学学科的育人价值。

（撰稿者：上海市进才实验中学　黄伦）

后记

本书是 2017 年浦东新区区级课题"基于独立学习与合作学习相结合的教与学方式研究"的研究成果。在定稿这一刻,向所有在本书撰写过程中付出辛劳、耐心的老师们致以感谢。

2017 年 9 月,在杨龙校长的带领下,我校区级课题"基于独立学习与合作学习相结合的教与学方式研究"正式立项。在三年多的研究时间中,老师们在自己本已忙碌异常的工作中,抽出额外的时间,进行培训、讨论、备课、研究、撰稿、修改,很多老师付出了自己的下班时间和周末时间来完成这项工作,其中的甘苦,自不必多说。

每一项研究成果都浸透着老师们的汗水,教师们在课题研究中辛勤付出,不仅成就了学生,也成就了学校,提升了自己。经过三年的反复浸润,无论是对独立学习与合作学习的探讨,还是对课程中不同学习方式的探索,于参与师生而言,已经深入人心。以研促教、以研促学,学习方式的变革促进了学校内涵的发展。

课题研究提高了教师的研究素养和教学素养。教师具备了根据问题设计以学为主的单元整体教学思路、设置三维目标、关注教学过程、规划有特色的板书、运用学习策略、运用信息技术、细化教学过程等能力,注重在设计、实施和总结中尝试运用多种教学形式,指导学生开展以学为主的多种学习方式的学习活动,关注日常教育、教学和管理现象,从中发现可以进行教学研究的问题。参与研究的教师们在研究意识方面、研究能力方面、良好的研究习惯方面、研究成果方面都有了一定的提升。

本书是我校教师积极参与与智慧付出的结果。苏霍姆林斯基曾说:"如果想让教师的工作带来乐趣,让天天上课不成为单调而乏味的业务,那么就引导每一位教师走上教学研究的幸福道路!"在研究中开展教育工作,是教师创造幸福教育人生、走向卓越的必经之路。

　　本书得到了上海市教育科学研究院杨四耕老师的指导,从书的整体架构设计、内容要求、行文格式到目录样式等细节,杨老师都给予了悉心指导。最后,还要感谢华东师范大学出版社领导和编辑的大力支持!

2021 年 4 月

"品质课程"阅读书目

学校整体课程规划	978-7-5760-0423-6	48.00	2022 年 1 月
推进育人方式变革的区域教学改进研究	978-7-5760-2314-5	56.00	2021 年 12 月
学校整体课程规划的七个关键	978-7-5760-0424-3	62.00	2021 年 3 月
课堂教学的 30 个微技术	978-7-5760-1043-5	52.00	2020 年 12 月
教学诠释学	978-7-5760-0394-9	42.00	2020 年 9 月
原点教学：提升区域育人质量的策略研究	978-7-5760-0212-6	56.00	2020 年 8 月

品质课程聚焦丛书

自组织课程：语文学科课程群新视角	978-7-5760-1796-0	48.00	2021 年 12 月
数学作为学习共同体：一种新的数学课程观	978-7-5760-1746-5	52.00	2021 年 12 月
学科育人的整体课程范式	978-7-5760-2290-2	46.00	2021 年 12 月
聚焦育人质量的学科课程设计	978-7-5760-2288-9	42.00	2021 年 11 月
活跃的学习图景：学校课程深度实施	978-7-5760-2287-2	48.00	2021 年 11 月
学科文化：英语学科课程新视角	978-7-5760-2289-6	48.00	2021 年 12 月
课程联结：学科课程群设计方法	978-7-5760-2285-8	44.00	2021 年 12 月
数学学科课程决策：专业视角	978-7-5760-2286-5	40.00	2021 年 12 月
特色项目课程：体育特色课程的校本建构	978-7-5760-2316-9	36.00	2021 年 12 月
进阶式探究课程设计：学科整合视角	978-7-5760-2315-2	38.00	2021 年 12 月

学校课程发展精品丛书

学科课程群与全经验学习	978-7-5760-0583-7	48.00	2021 年 1 月
育人目标与课程逻辑	978-7-5760-0640-7	52.00	2021 年 2 月
学科课程与深度学习	978-7-5760-0505-9	52.00	2021 年 2 月
学校课程的文化表情：百花园课程的学科指向与深度实施			
	978-7-5760-0677-3	38.00	2021 年 2 月
学校文化与课程变革	978-7-5760-0544-8	62.00	2021 年 2 月
语文天生重要：语文学科课程群设计	978-7-5760-0655-1	44.00	2021 年 2 月
五育并举的课程体系：致良知课程的旨趣与探索			
	978-7-5760-0692-6	48.00	2021 年 1 月

学科课程与育人质量	978-7-5760-0654-4	48.00	2021 年 1 月
在地文化与课程图谱	978-7-5760-0718-3	46.00	2021 年 2 月
中观课程设计与学科课程发展	978-7-5760-0624-7	36.00	2021 年 1 月
大教学：英语学科核心素养培育的课程模式	978-7-5760-0462-5	46.00	2021 年 1 月

📖 特色学校聚焦丛书

儿童是天生的探索者：360° 科学启蒙教育	978-7-5675-9273-5	36.00	2020 年 2 月
做精神灿烂的教师：教师自我成长的 5 个密码	978-7-5760-0367-3	34.00	2020 年 7 月
让教育温暖而芬芳	978-7-5760-0537-0	36.00	2020 年 9 月
快乐教育与内涵生长	978-7-5760-0517-2	46.00	2020 年 12 月
故事教育与儿童发展	978-7-5760-0671-1	39.00	2021 年 1 月
美好教育：学校内涵发展的循证研究	978-7-5760-0866-1	34.00	2021 年 3 月
把美好种进儿童心田	978-7-5760-0535-6	36.00	2021 年 3 月
倾听生命的天籁："天籁教育"的实践与探索	978-7-5760-1433-4	38.00	2021 年 9 月
为了每一个孩子的美好心愿	978-7-5760-1734-2	50.00	2021 年 9 月
向着优秀生长："模范教育"的理念与实践	978-7-5760-1827-1	36.00	2021 年 11 月

让个性自然发荣滋长："引发教育"的理论寻源与实践探索

| | 978-7-5760-2600-9 | 38.00 | 2022 年 3 月 |

📖 跨学科课程丛书

大情境课程：主题设计与创意评价	978-7-5760-0210-2	44.00	2020 年 5 月
社会参与素养的培育模型与干预机制	978-7-5760-0211-9	36.00	2020 年 5 月
大概念课程：幼儿园特色主题活动设计	978-7-5760-0656-8	52.00	2020 年 8 月
项目学习：进入学科的课程智慧	978-7-5760-0578-3	38.00	2021 年 4 月
STEAM 课程的设计与实施	978-7-5760-1747-2	52.00	2021 年 10 月
幼儿个性化运动课程	978-7-5760-1825-7	56.00	2021 年 11 月
幼儿园特色课程的框架与实施	978-7-5760-2598-9	48.00	2022 年 3 月

📖 核心素养导向的课堂教学丛书

转识成智的课堂教学：核心素养导向的历史教学

| | 978-7-5760-0164-8 | 40.00 | 2020 年 5 月 |

📖 特色课程建设丛书